Caridade
Caridad
Charity

LUIS HU RIVAS

Numa bela tarde, o cachorrinho Lupi recebeu uma visita da sua amiga, a gatinha Oli.
Após muita conversa, a gatinha lembrou-se que Lupi passou por muitas aventuras e teve uma ideia:
– Ei! Você poderia contar uma historinha divertida?
Lupi achou legal. Pensou e pensou e disse:
– Gostaria de dinossauros, piratas ou astronautas?
– Eu queria de ... unicórnios! – pediu Oli.
Vendo o interesse da amiga, Lupi aceitou o desafio e começou a contar:
– Era uma vez...

 Una hermosa tarde, el perrito Lupi recibió la visita de su amiga, la gatita Oli.
Después de charlar por un tiempo, la gatita recordó que Lupi tuvo muchas aventuras y le vino una idea:
–¿Podrías contar un cuento divertido?
A Lupi le pareció una buena idea. Pensó y pensó y dijo:
–¿Quieres de dinosaurios, de piratas o de astronautas?
–¡Unicornios! –pidió Oli.
Al ver el interés de su amiga, Lupi aceptó el pedido y comenzó a contar:
–Érase una vez...

 On a beautiful afternoon, Lupi the puppy was visited by his friend, Oli the kitten.
After a long conversation, the kitten remembered that Lupi had been on many adventures and had an idea:
"Hey! Could you tell me a funny story?
Lupi thought that would be fun. He thought for a moment and said, "Would you like one about dinosaurs, pirates, or astronauts?"
"I would like one about... unicorns!" requested Oli.
Seeing her friend's interest, Lupi accepted the challenge and began to tell her the story:
"Once upon a time…"

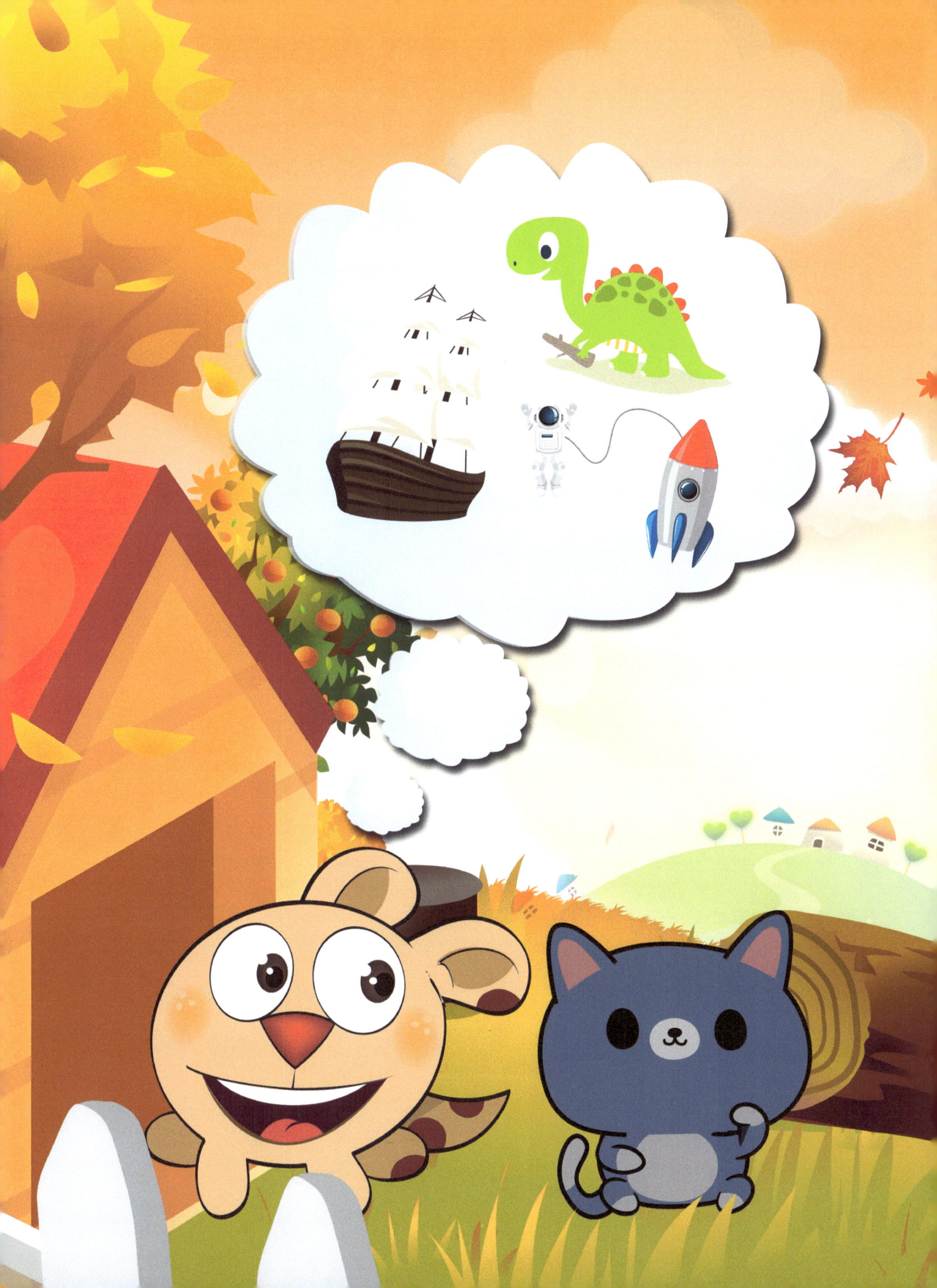

Em um reino distante, viviam seres alegres que se reuniam no jardim do castelo para brincar. Eles eram: um pinguim, um hipopótamo, um canguru, e...
– Espera Lupi! Esses são os backyamigos! – exclamou a gatinha Oli.
– Calma! É só uma historinha que estou criando – disse Lupi, e continuou.
Os pequenos viram passar seu amigo unicórnio de óculos escuros, que levava consigo uma bola, e lhe disseram:
– Podemos jogar futebol com você?
O unicórnio, mal humorado, aceitou o convite.

 En un reino lejano, vivían seres alegres que se reunían en el jardín del castillo para jugar. Eran: un pingüino, un hipopótamo, un canguro y ...
–¡Espera Lupi! ¡Estos son los backyamigos! –exclamó la gatita Oli.
–¡Calma! Es solo una historia que estoy creando –dijo Lupi, y continuó.
Los pequeños vieron pasar a su amigo unicornio de lentes de sol, que llevaba una pelota, y le dijeron:
–¿Podemos jugar fútbol contigo?
El unicornio, de mala gana, aceptó la invitación.

 In a faraway kingdom, there lived happy beings that gathered together in the castle's garden to play. They were: a penguin, a hippopotamus, a kangaroo, and…
"Wait, Lupi! These are the Backyardigans!" exclaimed Oli the kitten.
"Calm down! It's just a little story I'm creating," said Lupi, and continued.
The little ones saw their unicorn friend walk by wearing sunglasses and carrying a ball. They asked him, "Can we play soccer with you?"
The unicorn accepted grumpily.

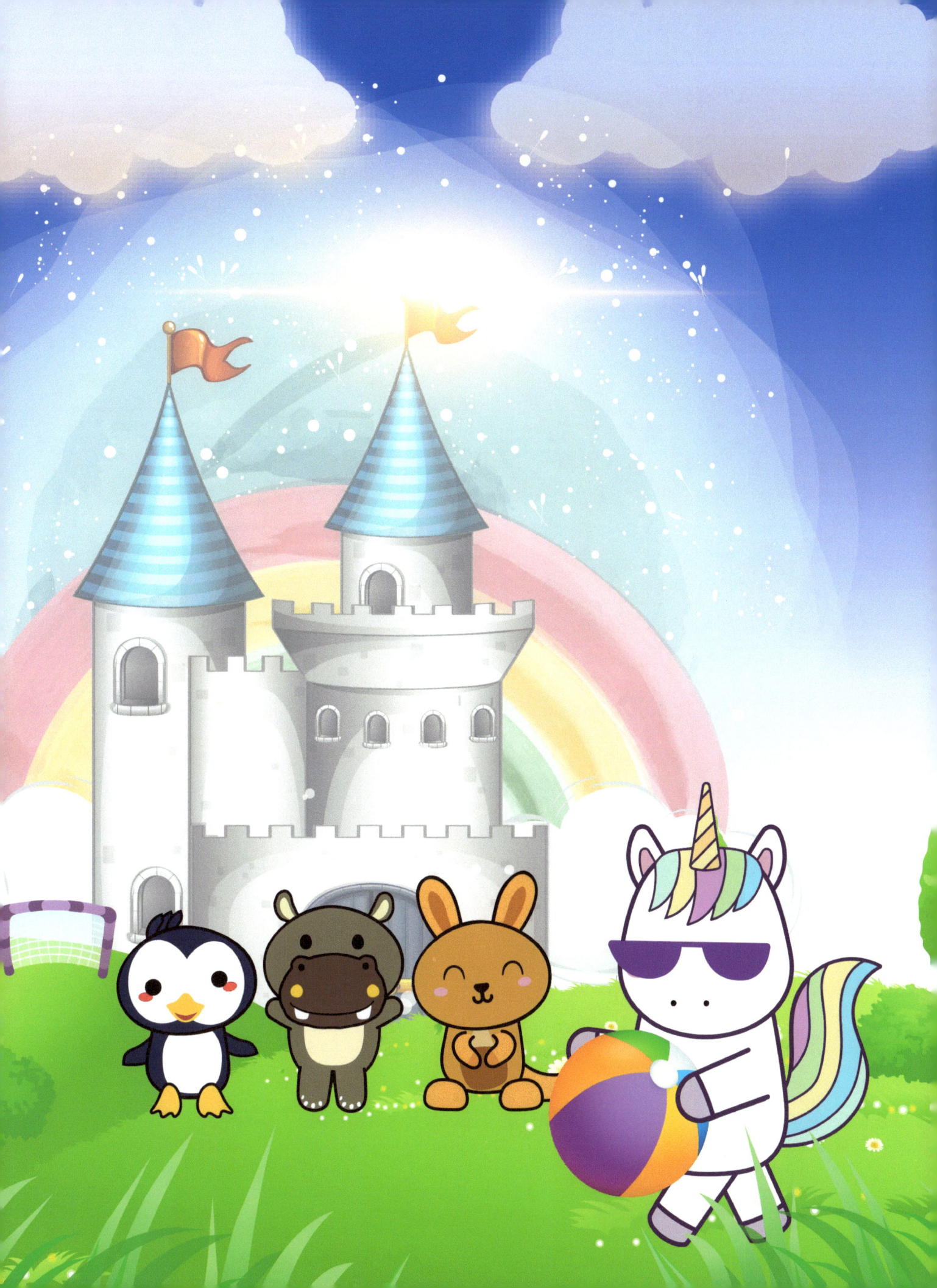

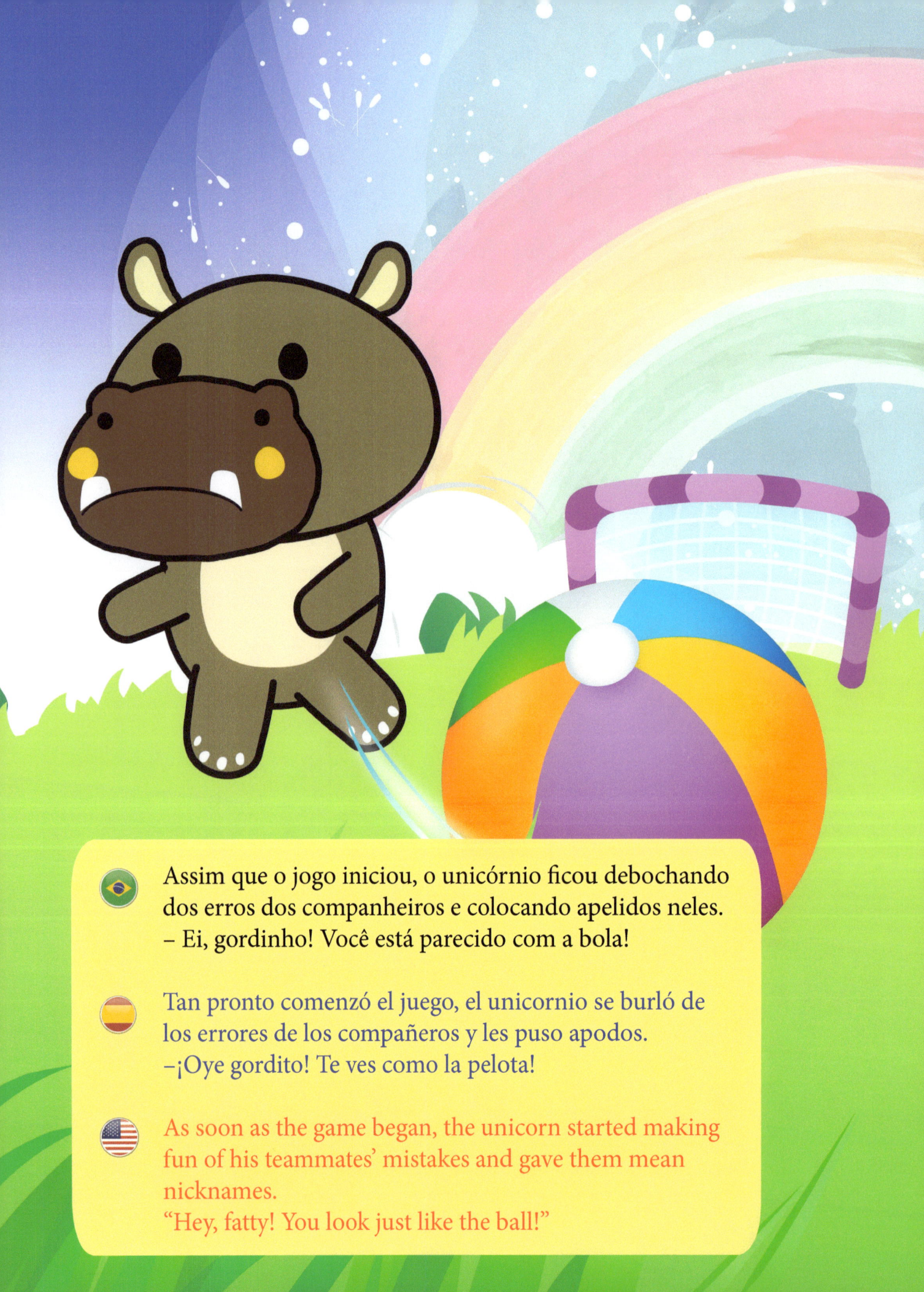

🇧🇷 Assim que o jogo iniciou, o unicórnio ficou debochando dos erros dos companheiros e colocando apelidos neles.
– Ei, gordinho! Você está parecido com a bola!

🇪🇸 Tan pronto comenzó el juego, el unicornio se burló de los errores de los compañeros y les puso apodos.
–¡Oye gordito! Te ves como la pelota!

🇺🇸 As soon as the game began, the unicorn started making fun of his teammates' mistakes and gave them mean nicknames.
"Hey, fatty! You look just like the ball!"

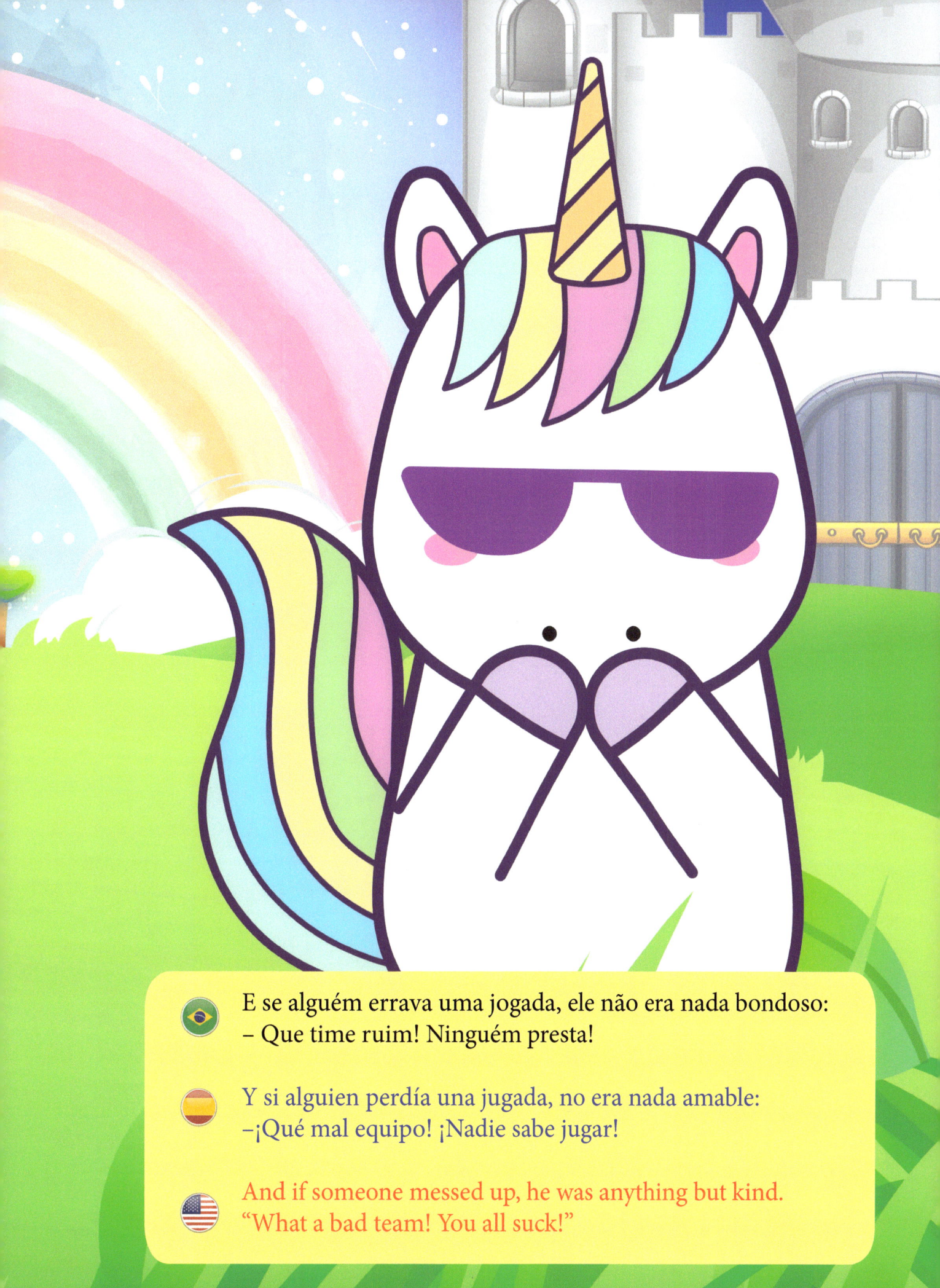

🇧🇷 E se alguém errava uma jogada, ele não era nada bondoso:
– Que time ruim! Ninguém presta!

🇪🇸 Y si alguien perdía una jugada, no era nada amable:
–¡Qué mal equipo! ¡Nadie sabe jugar!

🇺🇸 And if someone messed up, he was anything but kind.
"What a bad team! You all suck!"

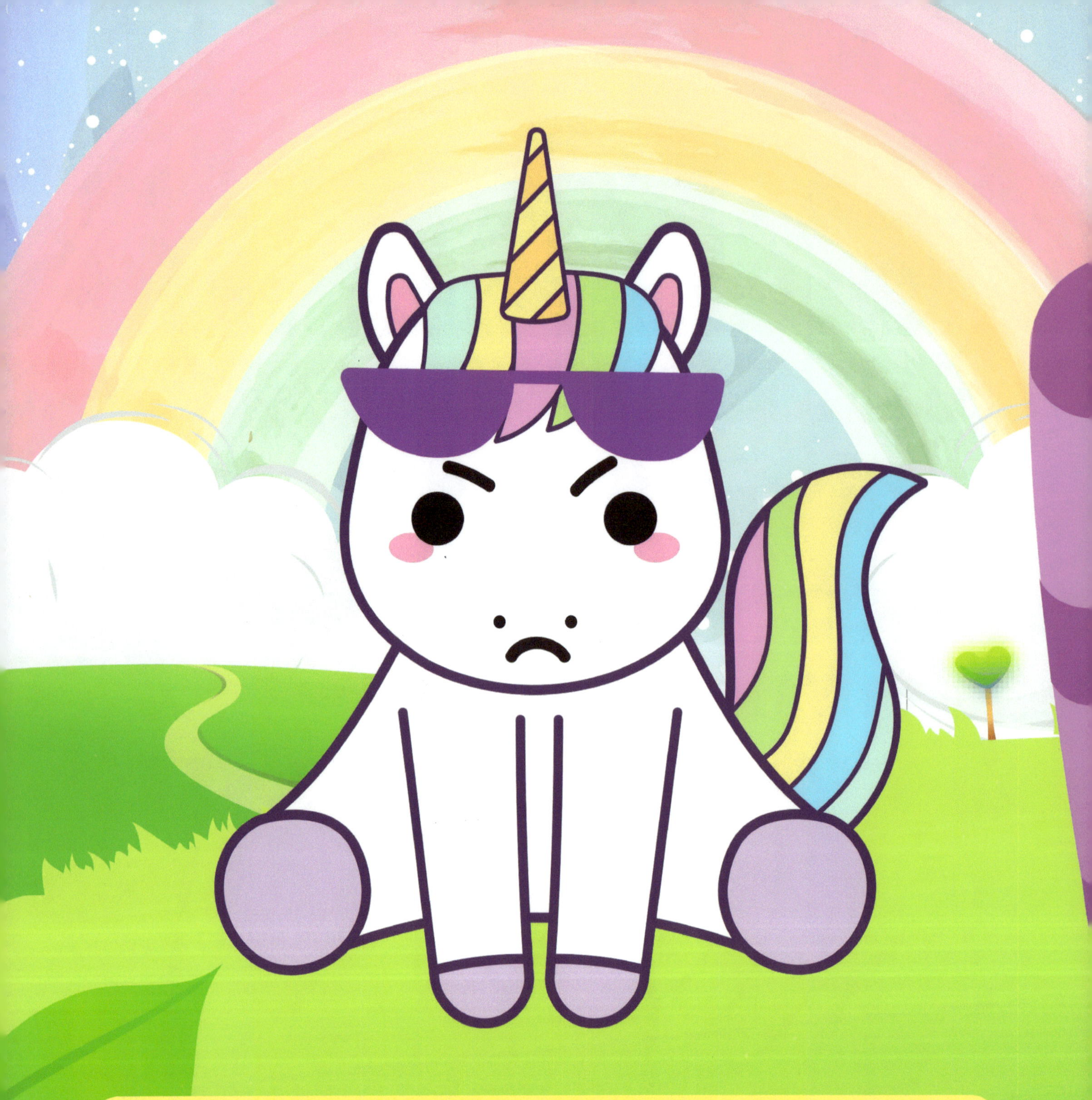

🇧🇷 Ele não era nada indulgente, nada legal com as falhas dos outros.
– Mas como não defendeu esse gol!?

🇪🇸 No era nada indulgente, nada noble con las fallas de los demás.
–Pero, ¿cómo no tapaste ese gol?

🇺🇸 He was not at all forgiving, nor was he understanding of others' errors.
"But how could you miss that goal?!"

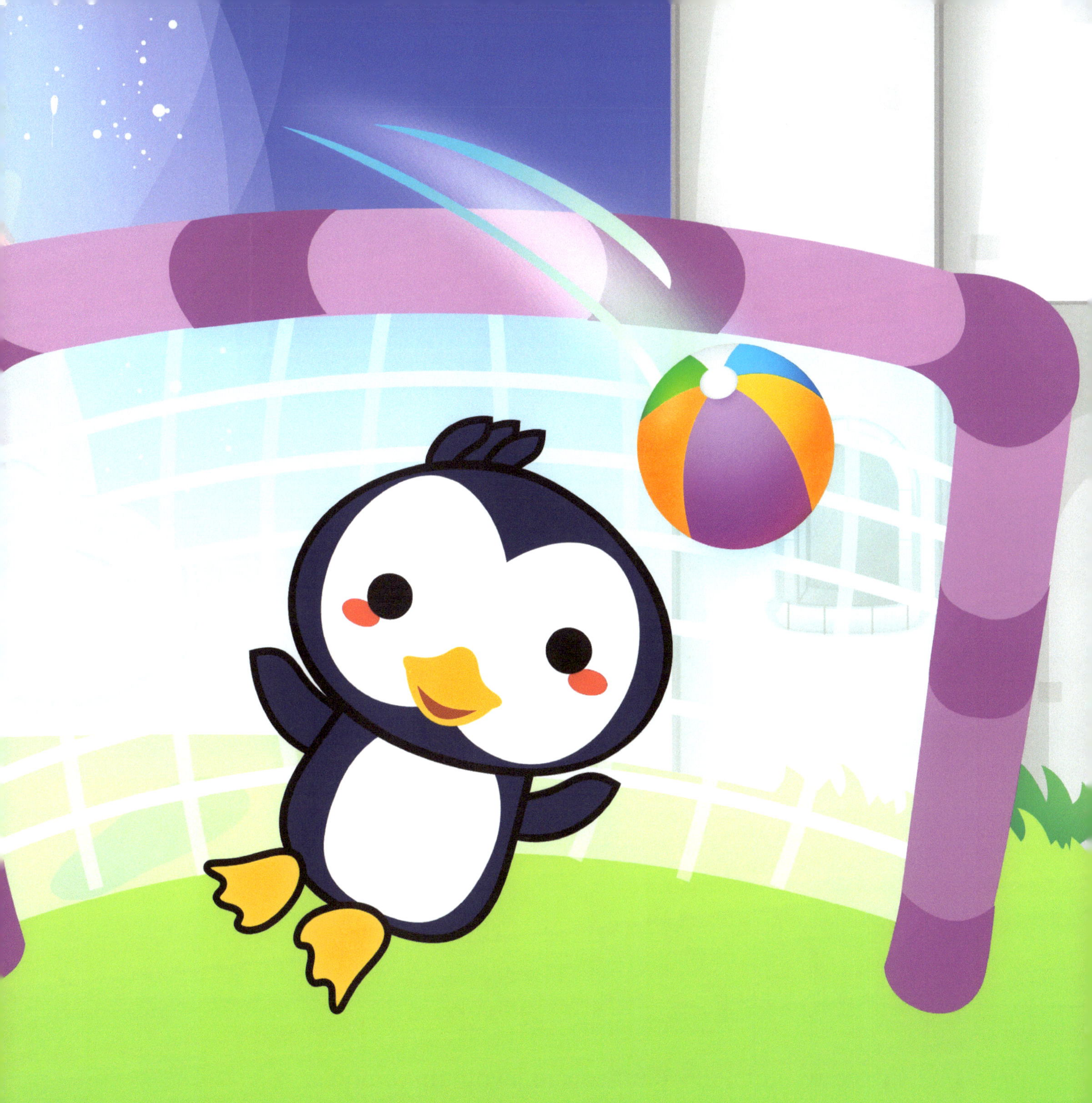

🇧🇷 E ainda mais, o unicórnio não passava a bola aos companheiros.
– Sou "fominha", sim! Qual é o problema?

🇪🇸 Además, el unicornio no pasaba la pelota a sus compañeros.
–¡No me gusta pasar! ¿Cuál es el problema?

🇺🇸 Also, the unicorn never passed the ball to his teammates.
"Yeah, I'm a ball hog! What's the problem?"

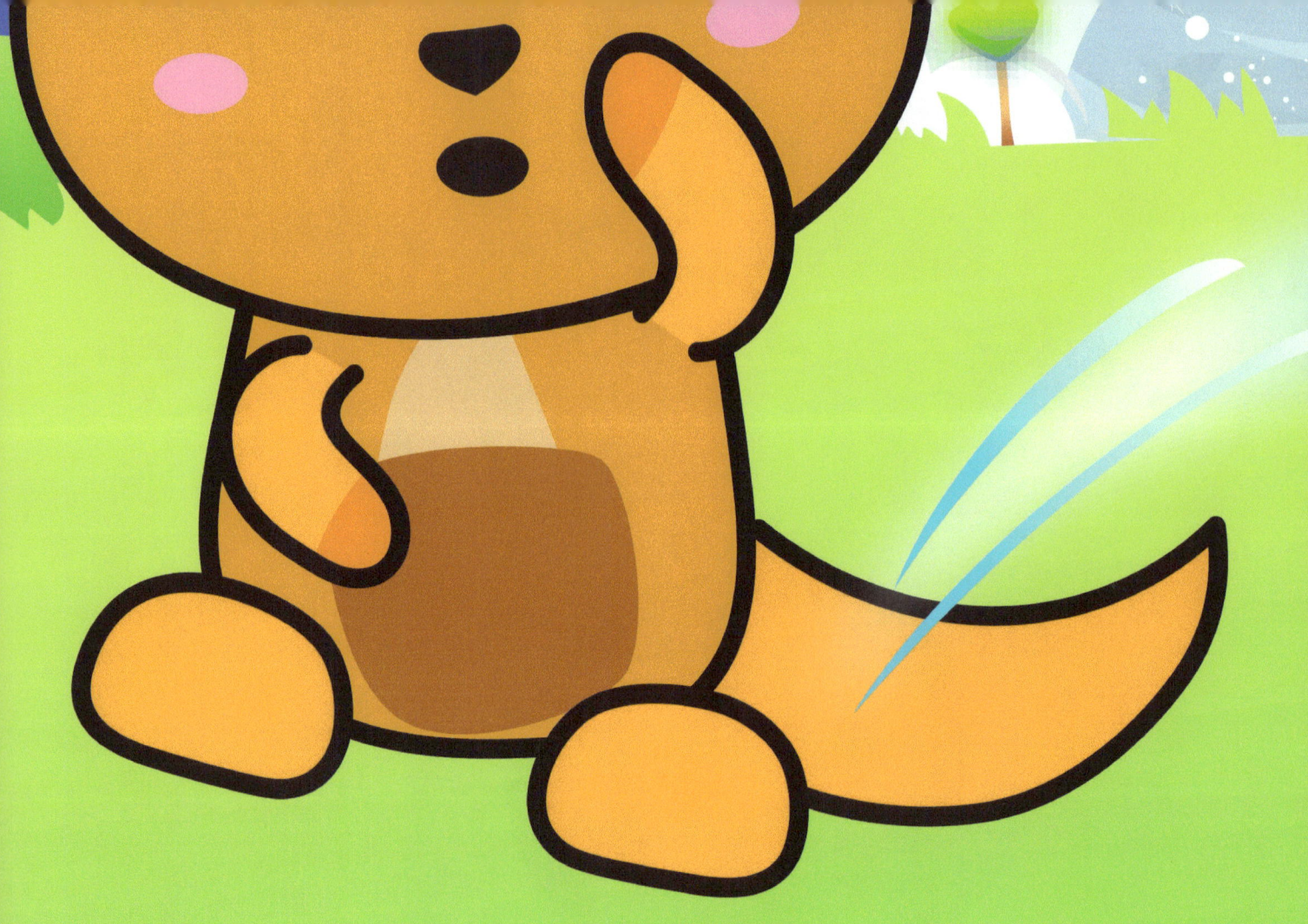

🇧🇷 Em certo momento, o unicórnio levou um tombo sem querer e caiu reclamando:
– Você fez falta de propósito!

🇪🇸 En un cierto momento, el unicornio cometió una falta accidental y se cayó quejándose:
–¡Lo hiciste a propósito!

🇺🇸 At one point, the unicorn tripped and fell over, complaining, "You did that on purpose!"

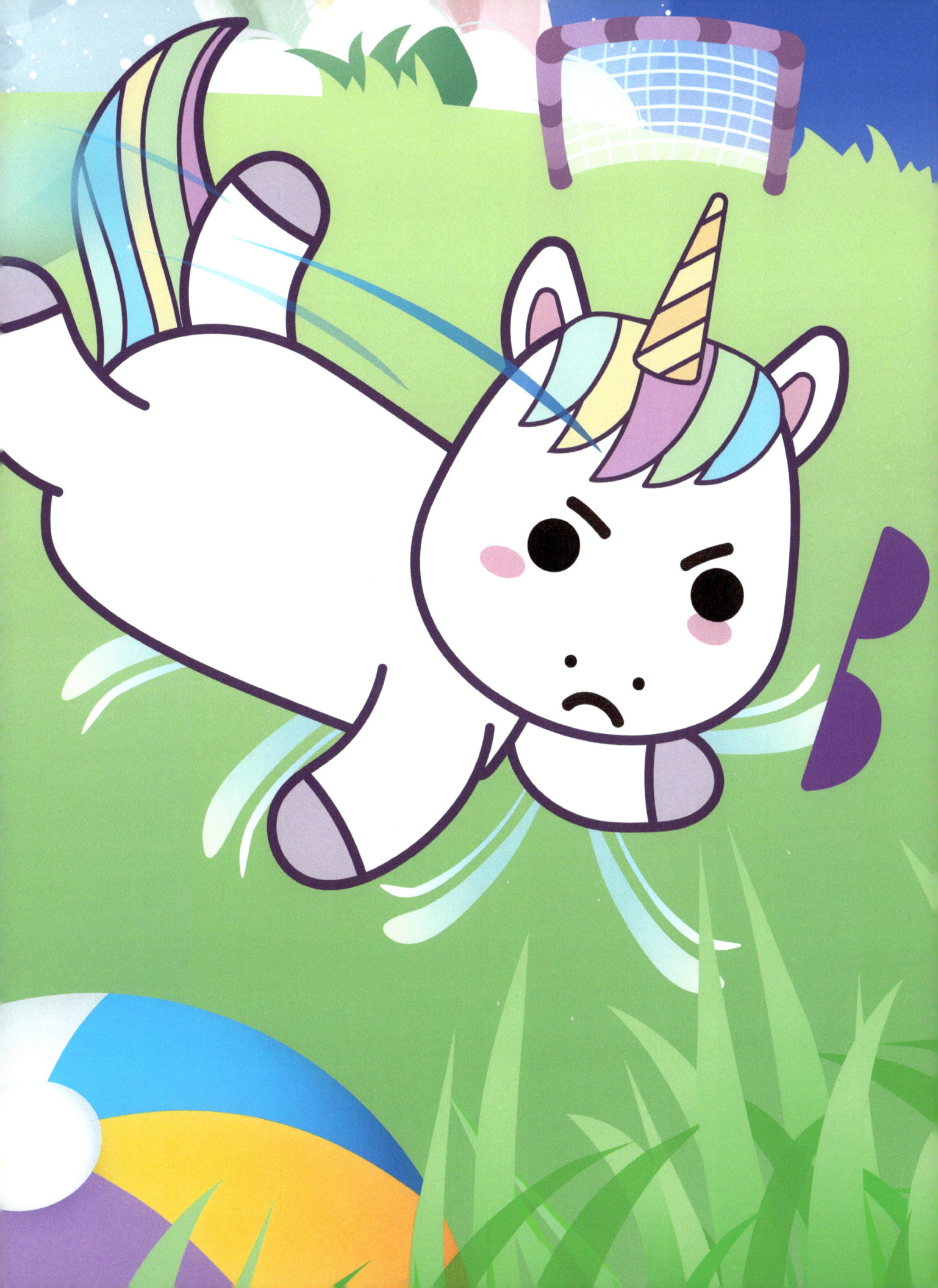

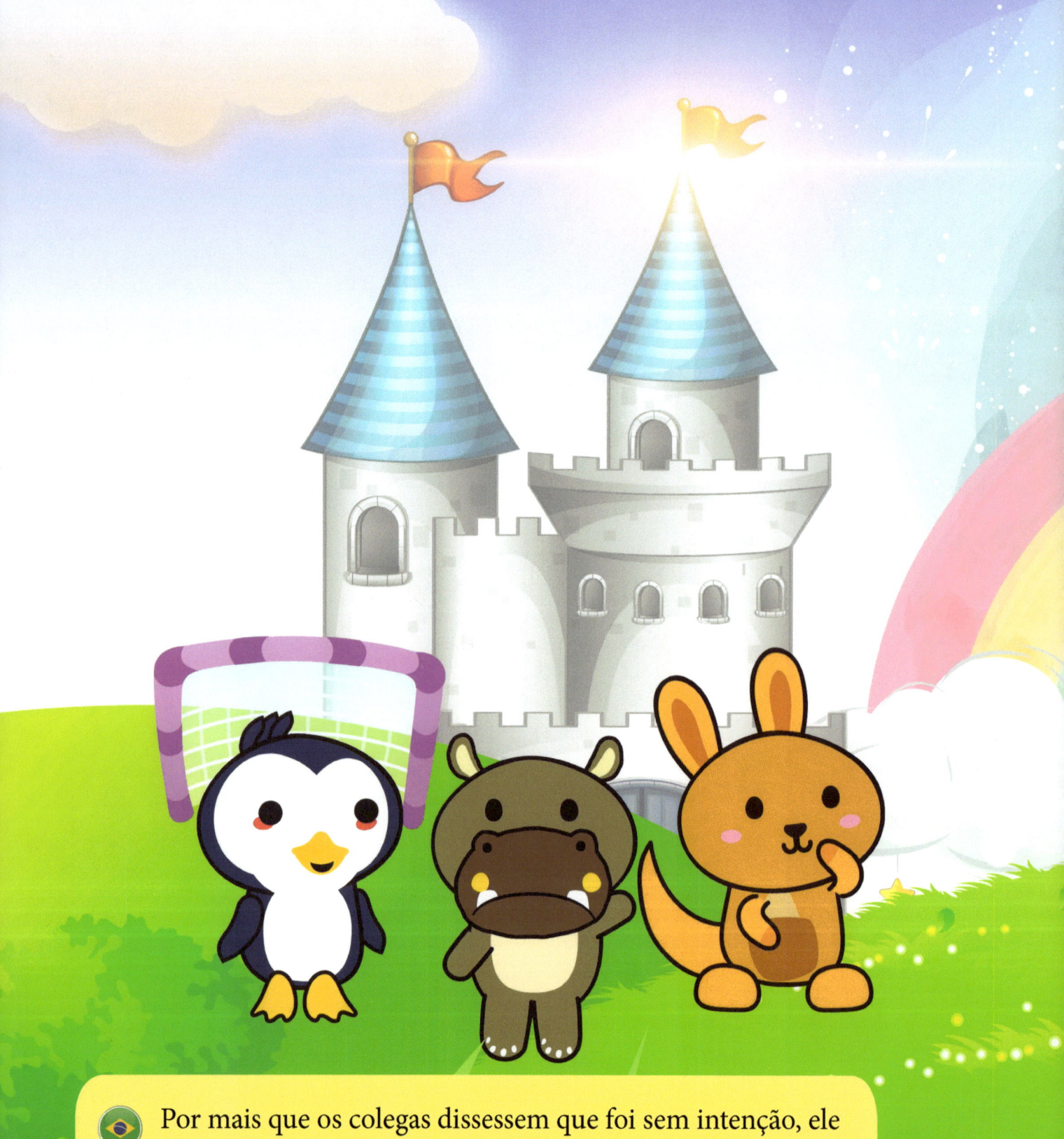

🇧🇷 Por mais que os colegas dissessem que foi sem intenção, ele se levantou, pegou sua bola e se foi.

🇪🇸 Por mucho que sus amigos dijeron que no fue intencional, se levantó, tomó su pelota y se fue.

🇺🇸 Despite his teammates assuring him it was an accident, he got up, grabbed his ball, and left.

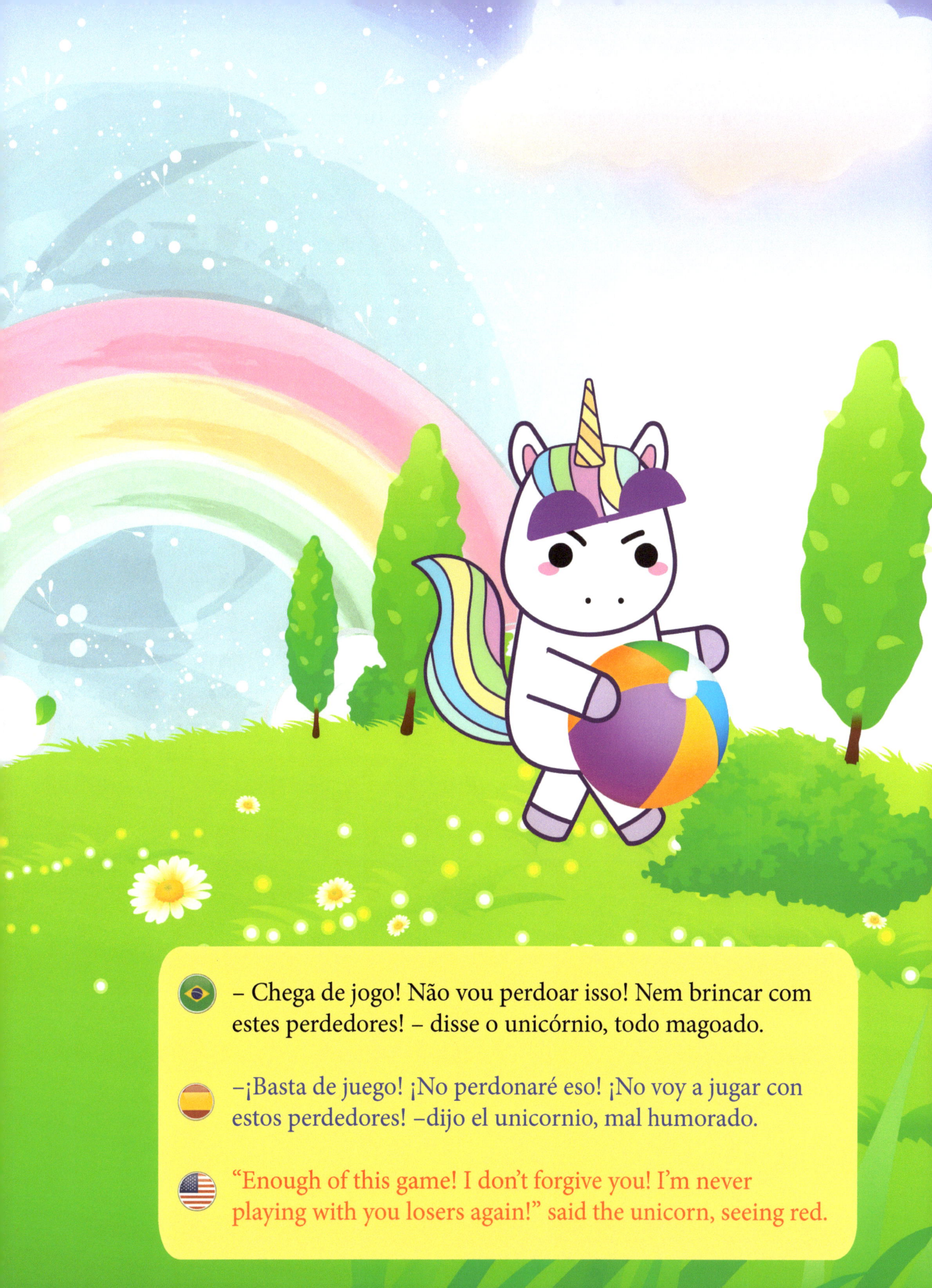

🇧🇷 – Chega de jogo! Não vou perdoar isso! Nem brincar com estes perdedores! – disse o unicórnio, todo magoado.

🇪🇸 –¡Basta de juego! ¡No perdonaré eso! ¡No voy a jugar con estos perdedores! –dijo el unicornio, mal humorado.

🇺🇸 "Enough of this game! I don't forgive you! I'm never playing with you losers again!" said the unicorn, seeing red.

🇧🇷 Dias depois, o unicórnio observou que os coleguinhas estavam juntos, organizando uma festa surpresa. Então, lembrou-se que seu aniversário estava próximo.

🇪🇸 Días después, el unicornio notó que los amigos estaban juntos, organizando una fiesta sorpresa. Entonces recordó que su cumpleaños estaba cerca.

🇺🇸 Some days later, the unicorn noticed that the companions were together, organizing a surprise party. Then, he remembered that his birthday was coming soon.

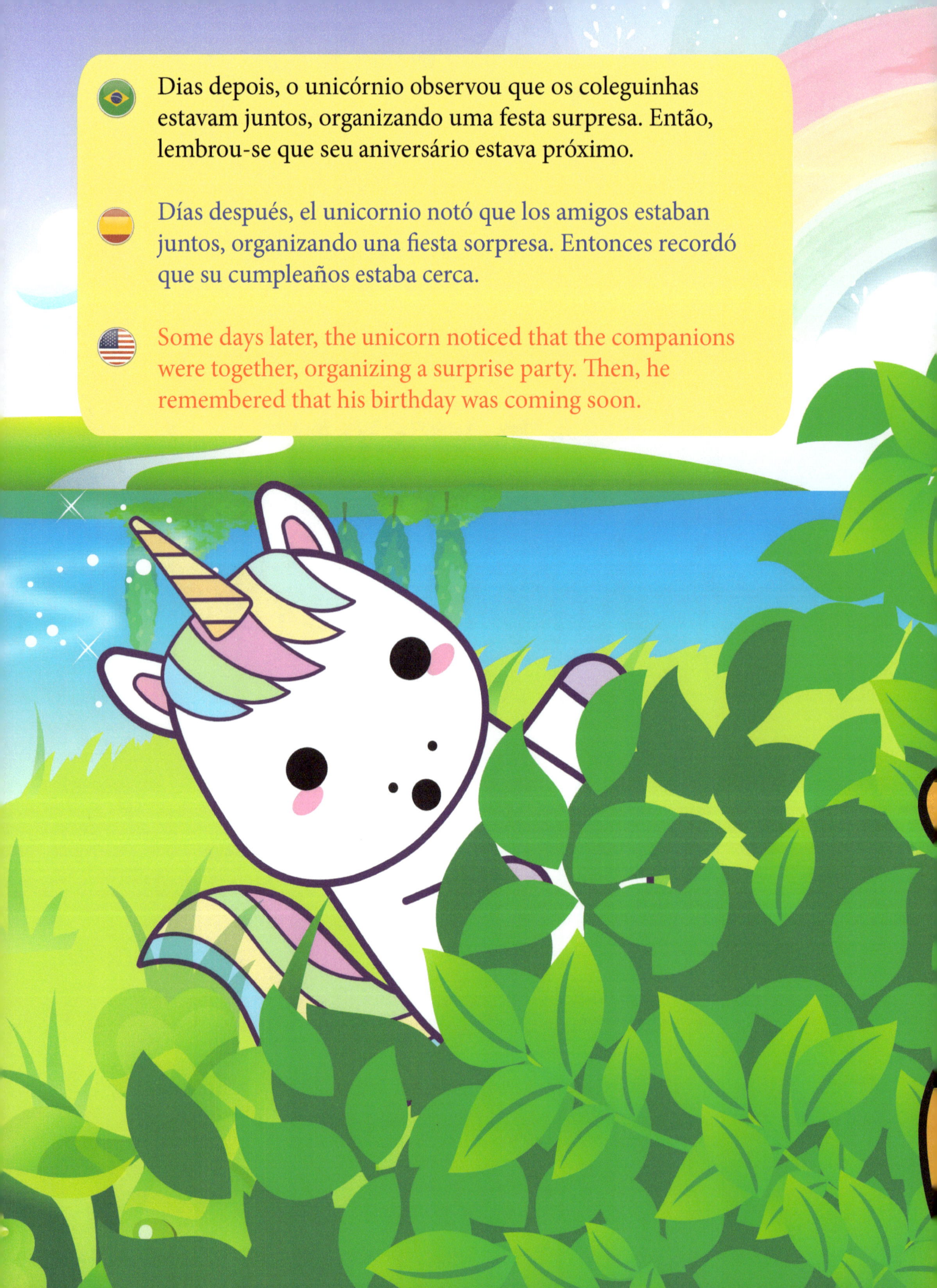

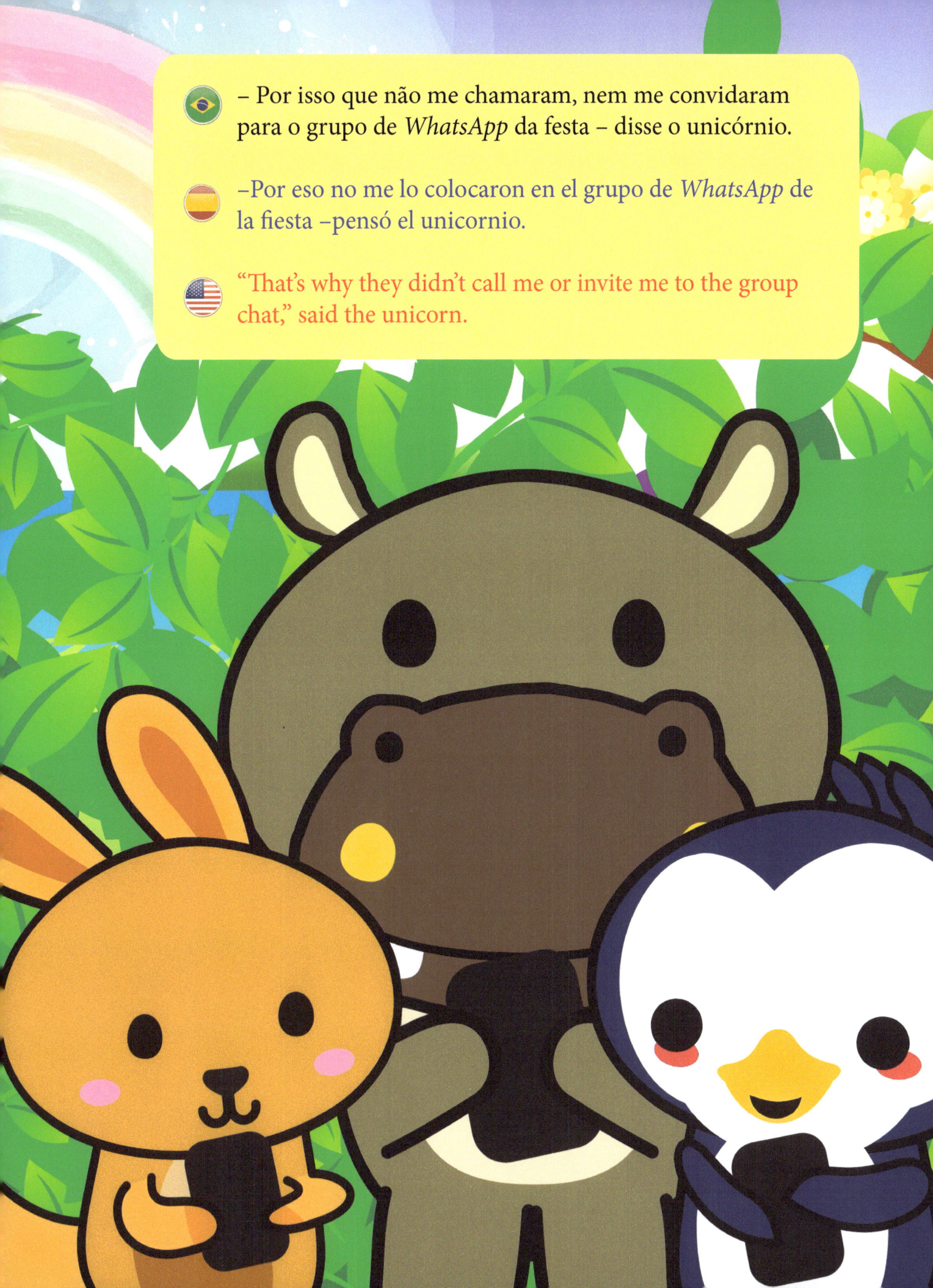

– Uma pausa na historinha... – interveio a gatinha Oli.
– Grupo de *WhatsApp*? Acho que esses bichinhos da história estão modernos demais.
– Calma! É só um conto criativo – falou Lupi.
– Eu queria saber como um pinguim pode digitar um texto no celular? – se perguntou a gatinha Oli.
– Deixa eu continuar com a parte mais interessante... – Lupi retornou à historinha.
Então, o unicórnio se arrumou e esperou pela festa surpresa, mas nada aconteceu.

–Una pausa en la historia... –intervino la gatita Oli.–
¿Grupo de *WhatsApp*? Creo que estos animalitos de la historia son demasiado modernos.
–¡Calma! Es solo un cuento creativo –dijo Lupi.
–Me preguntaba cómo un pingüino podría escribir texto en su celular? –preguntó la gatita Oli.
–Déjame continuar con la parte más interesante... – Lupi volvió a la historia.
Luego, el unicornio se preparó y esperó la fiesta sorpresa, pero no pasó nada.

"Wait a second," interrupted Oli the kitten. "A group chat? I think the animals in this story are a little too modern."
"Calm down! I'm just being creative," said Lupi.
"I want to know, how can a penguin type a text message?" asked Oli.
"Let's get to a more interesting part of the story..." Lupi continued.
So, the unicorn got ready and waited for his surprise party, but nothing happened.

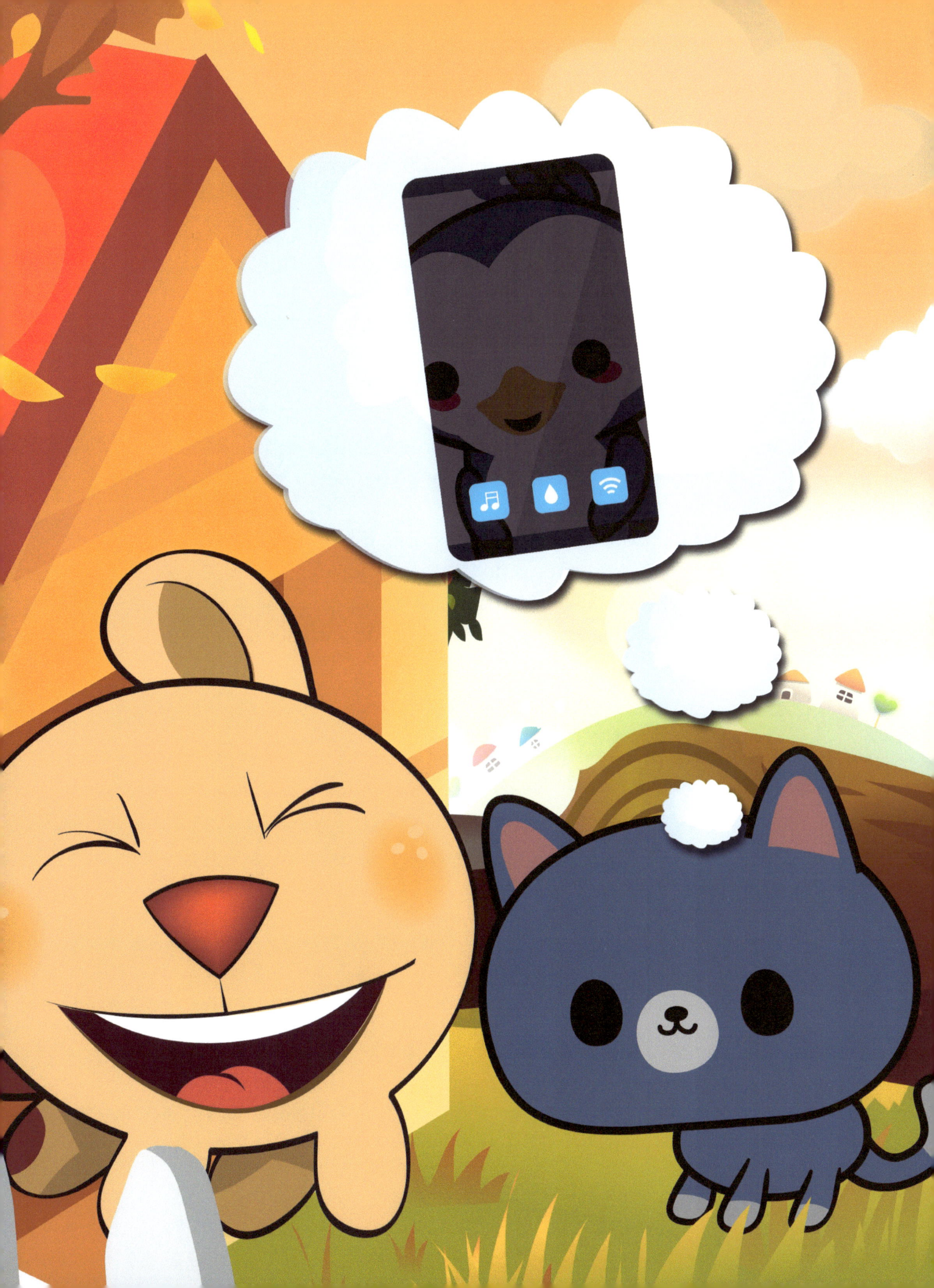

No dia do seu aniversário, ele ficou sozinho e começou a chorar:
– Buááá!!! Por que ninguém me chamou? Será que não querem ser meus amigos?
A gatinha Oli, concentrada na historinha, disse:
– Eu acho que os coleguinhas não chamaram porque ele está sendo egoísta, e não sabe compartilhar.
– Talvez seja isso... – disse Lupi. – Veja o que aconteceu no dia seguinte.

En su cumpleaños, estaba solo y comenzó a llorar:
–Buááá!!! ¿Por qué nadie me llamó? ¿No quieren ser más mis amigos?
La gatita Oli, concentrada en la historia, dijo:
–Creo que los compañeros no llamaron, porque no fue buen amigo y no sabía compartir con ellos.
–Tal vez sea eso... –dijo Lupi.– Mira lo que pasó al día siguiente.

On the day of his birthday, he was all alone and began crying. "Waaaa!!! Why hasn't anyone call me? Don't they want to be my friends?"
Oli the kitten, focused on the story, said, "I think the other animals didn't call because the unicorn was rude and inconsiderate."
"Maybe you're right..." said Lupi. "Let's see what happens the following day."

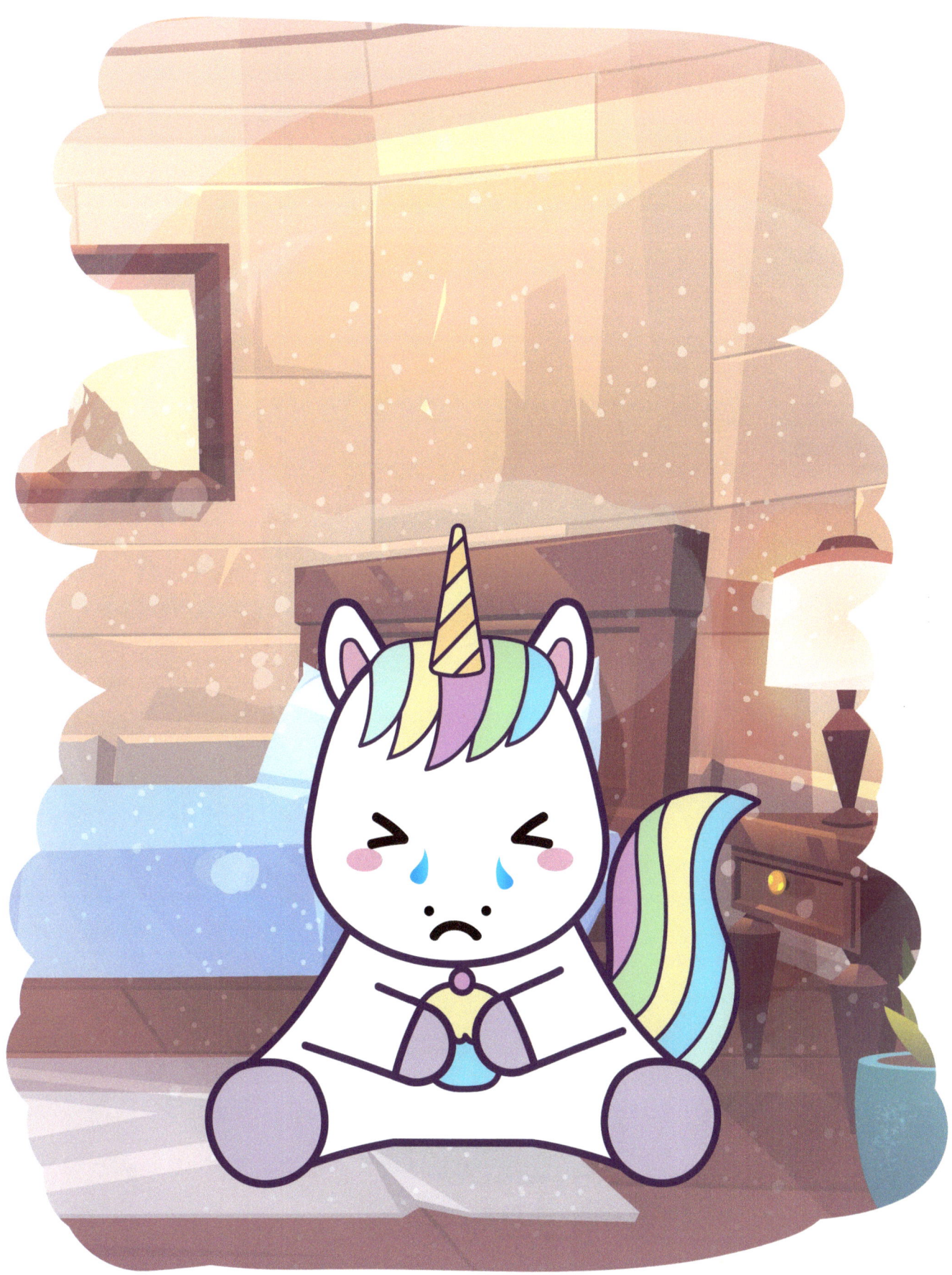

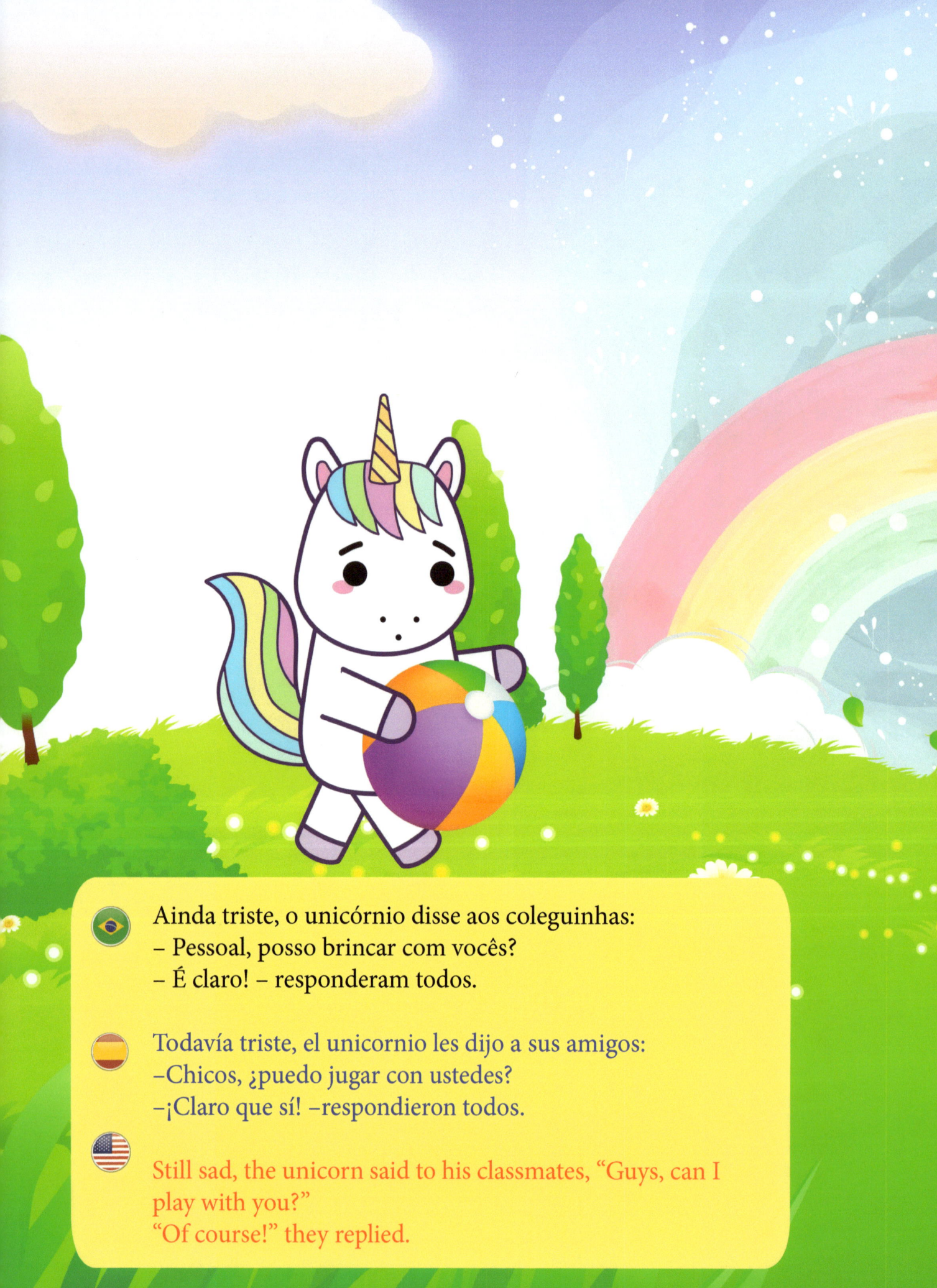

🇧🇷 Ainda triste, o unicórnio disse aos coleguinhas:
– Pessoal, posso brincar com vocês?
– É claro! – responderam todos.

🇪🇸 Todavía triste, el unicornio les dijo a sus amigos:
–Chicos, ¿puedo jugar con ustedes?
–¡Claro que sí! –respondieron todos.

🇺🇸 Still sad, the unicorn said to his classmates, "Guys, can I play with you?"
"Of course!" they replied.

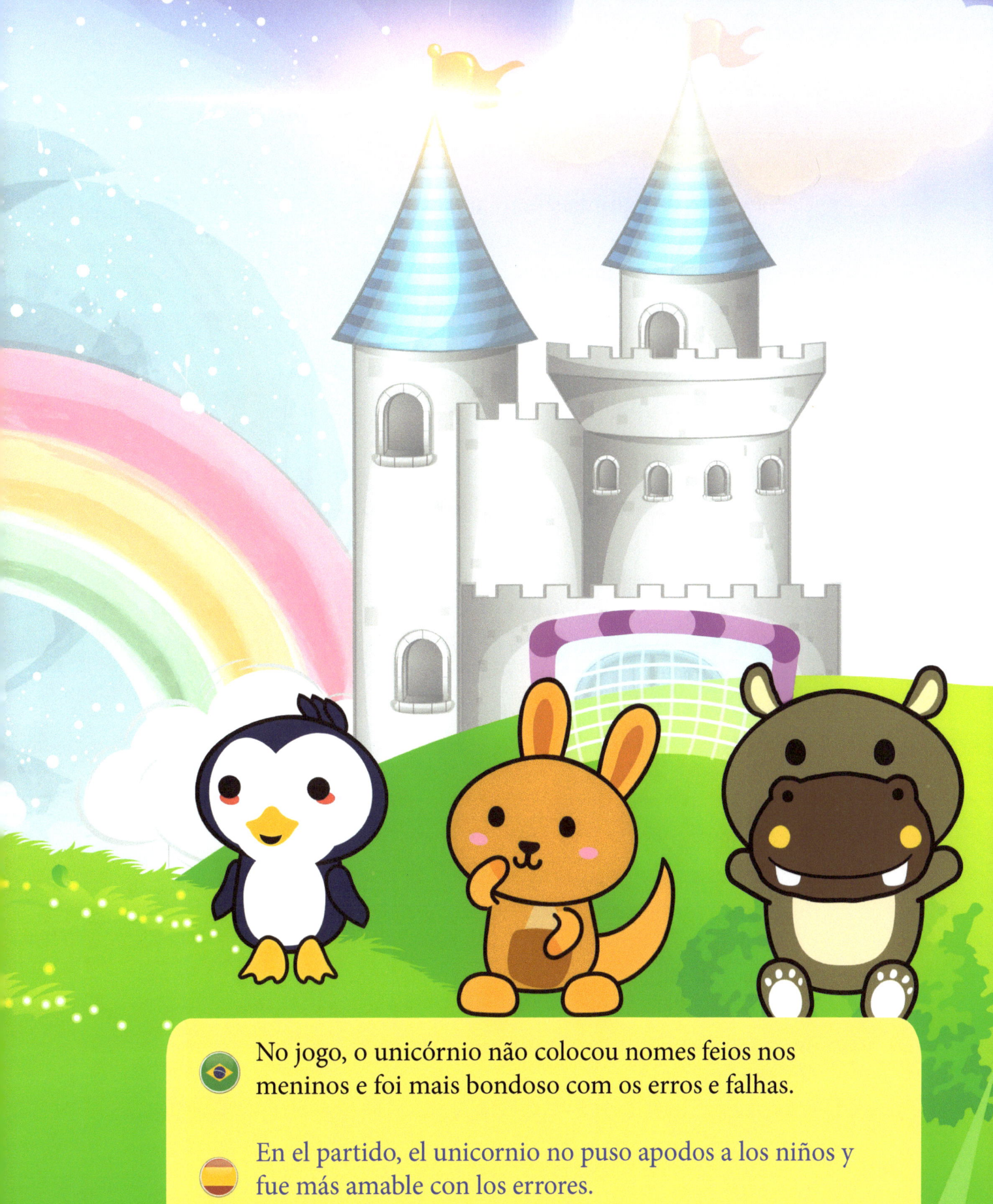

🇧🇷 No jogo, o unicórnio não colocou nomes feios nos meninos e foi mais bondoso com os erros e falhas.

🇪🇸 En el partido, el unicornio no puso apodos a los niños y fue más amable con los errores.

🇺🇸 During the game, the unicorn didn't call his teammates by mean names and he was understanding of their mistakes.

Mas uma jogada perigosa novamente aconteceu durante a partida. O unicórnio levou outro tombo, deixando os coleguinhas preocupados.
– Foi só uma falta – disse o unicórnio, tranquilizando os amigos. – Está tudo bem.
– Ufa! – disseram os coleguinhas, continuando a brincadeira.
Parece que o unicórnio está perdoando as falhas dos outros, pela primeira vez.

 Pero una jugada peligrosa pasó nuevamente durante el partido. El unicornio se cayó de nuevo, dejando a todos preocupados.
–¡Fue solo un error –dijo el unicornio, tranquilizando a sus amigos.– Está todo bien.
–¡Uf! –dijeron sus amigos, continuando el juego.
Parece que el unicornio está perdonando las faltas de los demás por primera vez.

 But something worrying happened during the match. The unicorn tripped and fell again, leaving his teammates concerned.
"It was an accident," said the unicorn, reassuring his friends. "It's all right!"
"Phew!" said the teammates, continuing the game.
It seems that the unicorn is forgiving others' faults for the first time.

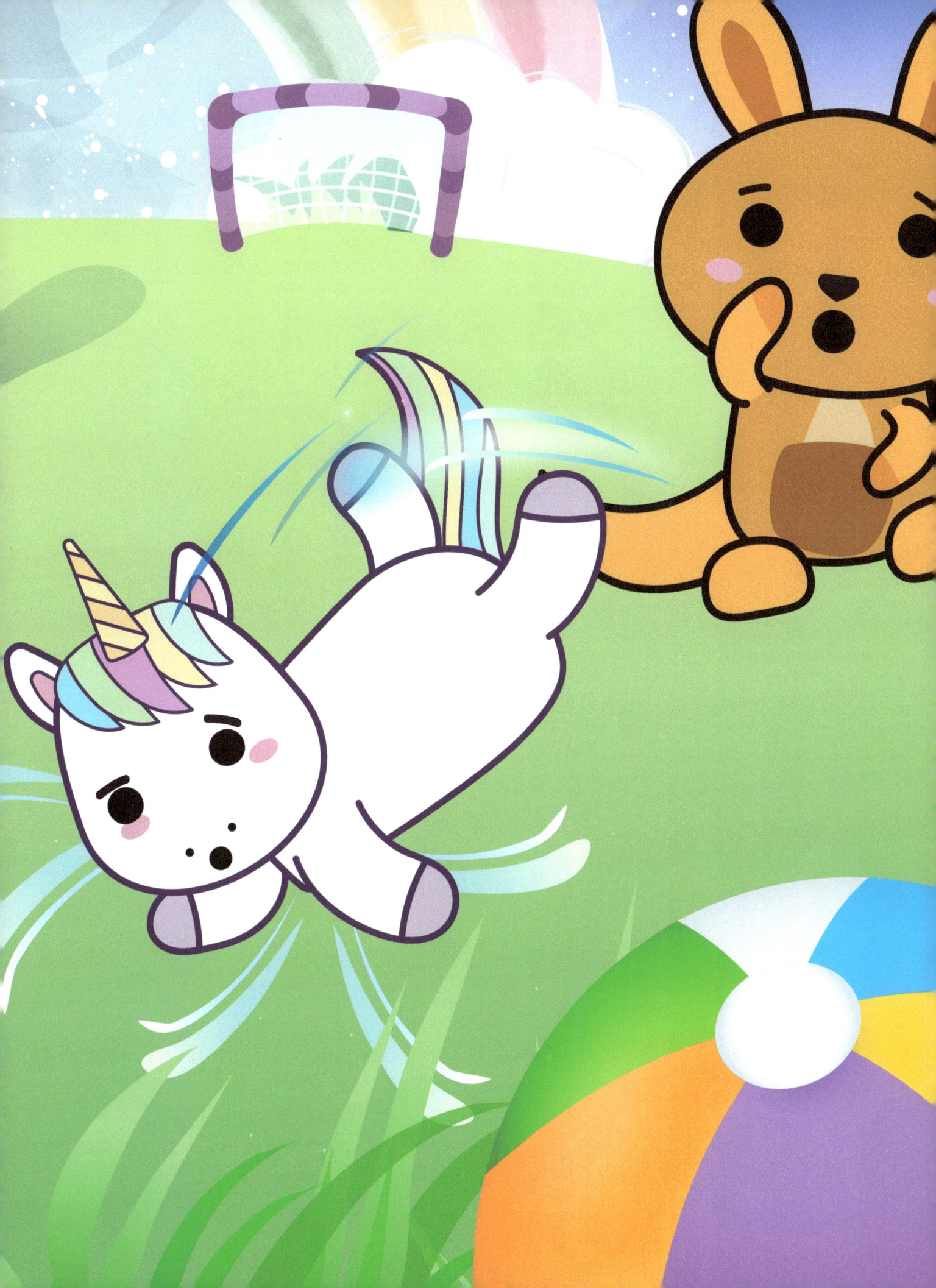

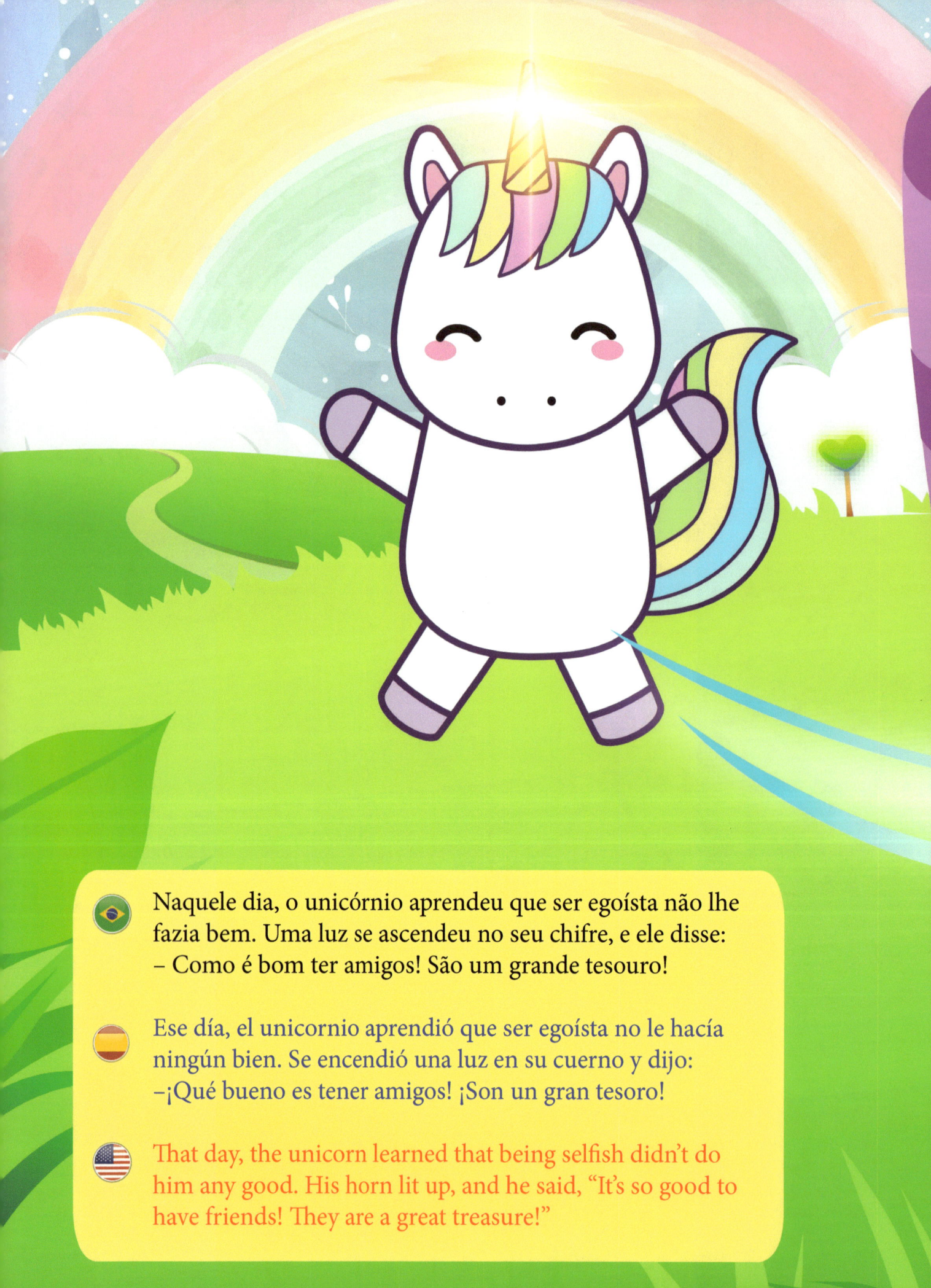

🇧🇷 Naquele dia, o unicórnio aprendeu que ser egoísta não lhe fazia bem. Uma luz se ascendeu no seu chifre, e ele disse:
– Como é bom ter amigos! São um grande tesouro!

🇪🇸 Ese día, el unicornio aprendió que ser egoísta no le hacía ningún bien. Se encendió una luz en su cuerno y dijo:
–¡Qué bueno es tener amigos! ¡Son un gran tesoro!

🇺🇸 That day, the unicorn learned that being selfish didn't do him any good. His horn lit up, and he said, "It's so good to have friends! They are a great treasure!"

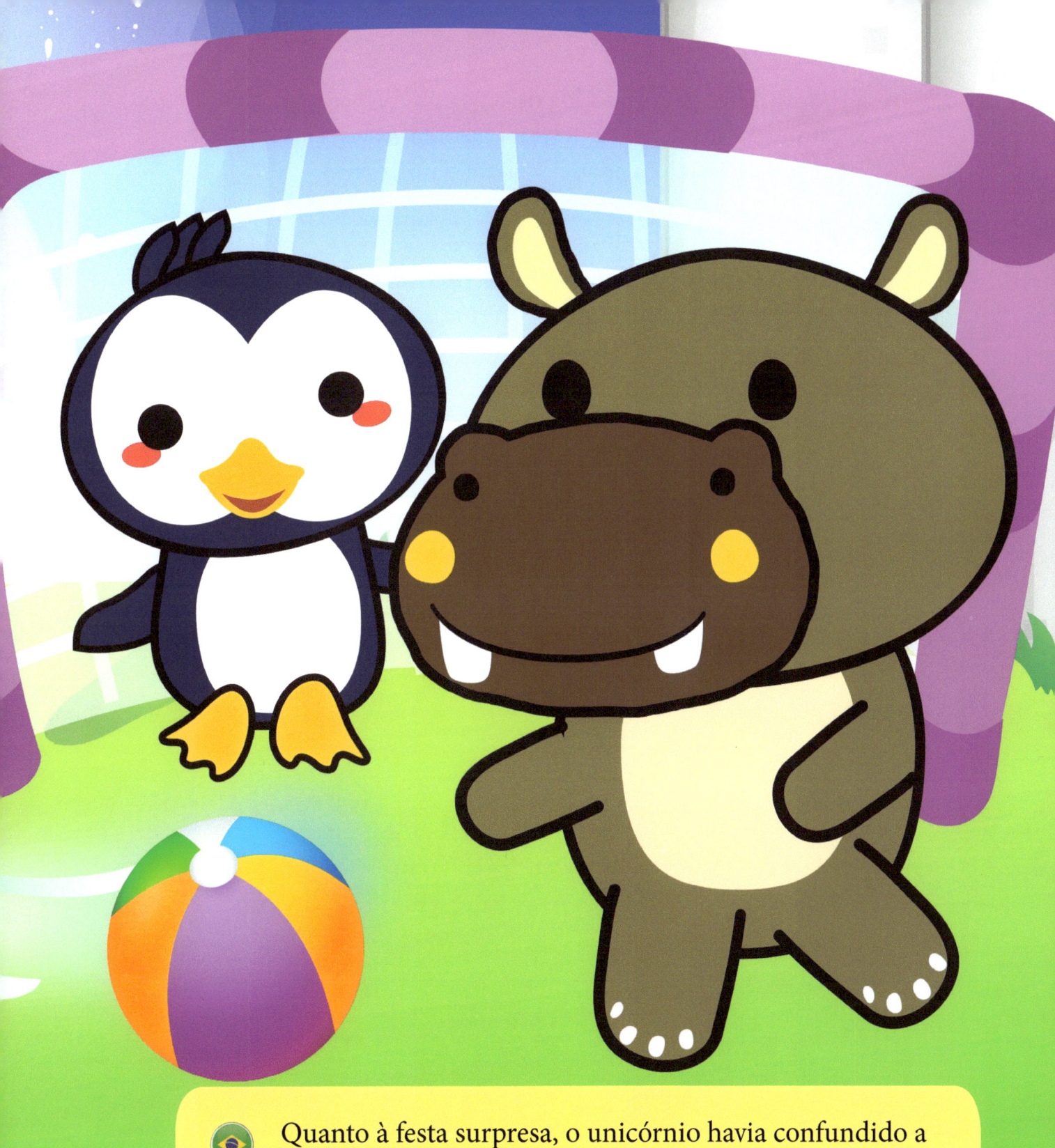

Quanto à festa surpresa, o unicórnio havia confundido a data do seu aniversário.

En cuanto a la fiesta sorpresa, el unicornio había confundido la fecha de su cumpleaños.

And as for the surprise party? It turns out the unicorn had gotten the date of his birthday confused!

🇧🇷 E a festa aconteceu com todos os seus amigos.
– Ser bondoso com todos, perdoar as ofensas e ser indulgente com as falhas: isso é caridade! – disse o unicórnio.

🇪🇸 Y la fiesta se dio con todos sus amigos.
–Ser amable con todos, perdonar las ofensas y ser indulgentes: ¡esto es caridad! –dijo el unicornio.

🇺🇸 On the unicorn's actual birthday, the party went off without a hitch with all his friends in attendance.
"Be kind to others, forgive their mistakes, and be indulgent of their wrongdoings. That is charity!" said the unicorn.

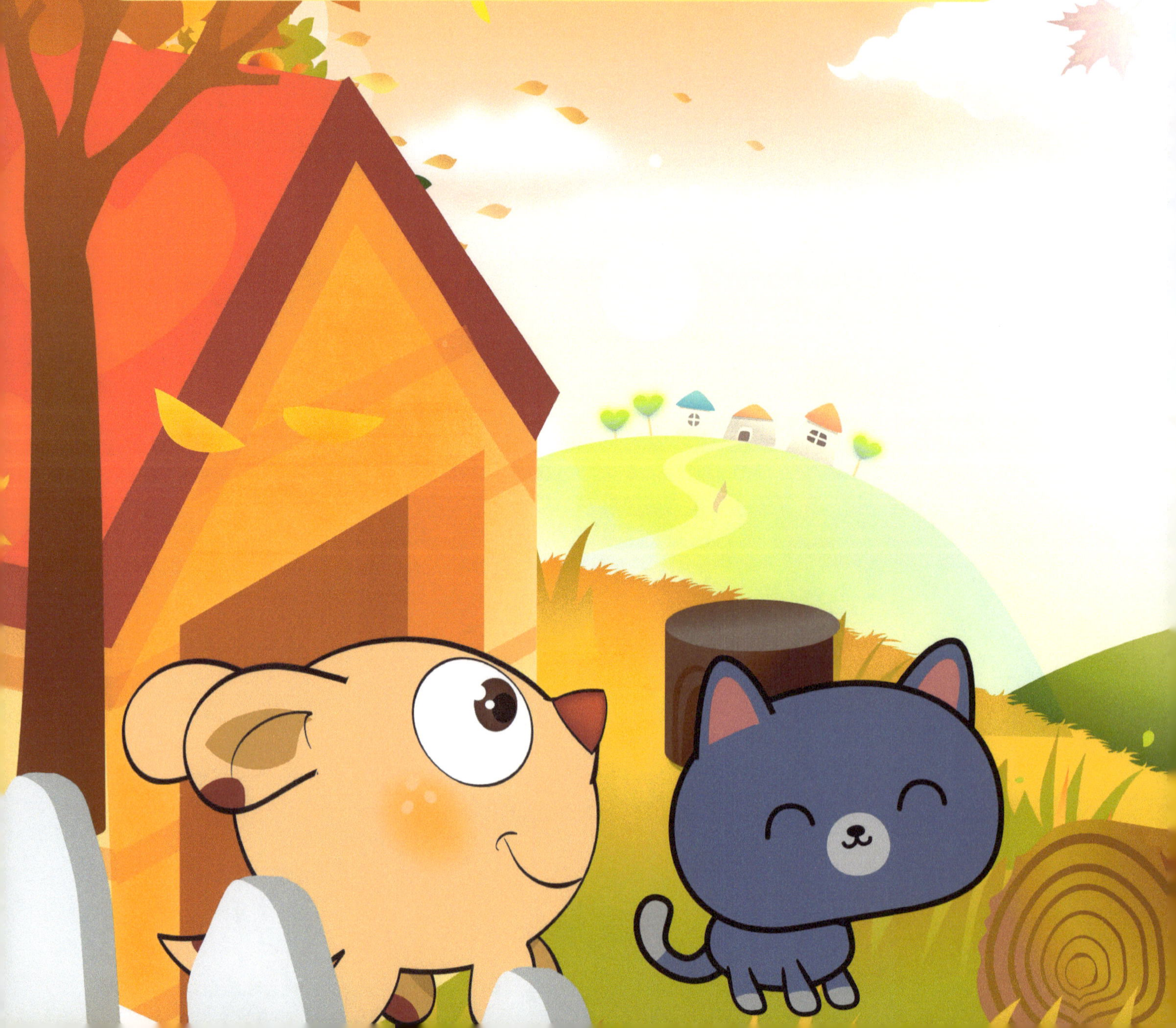

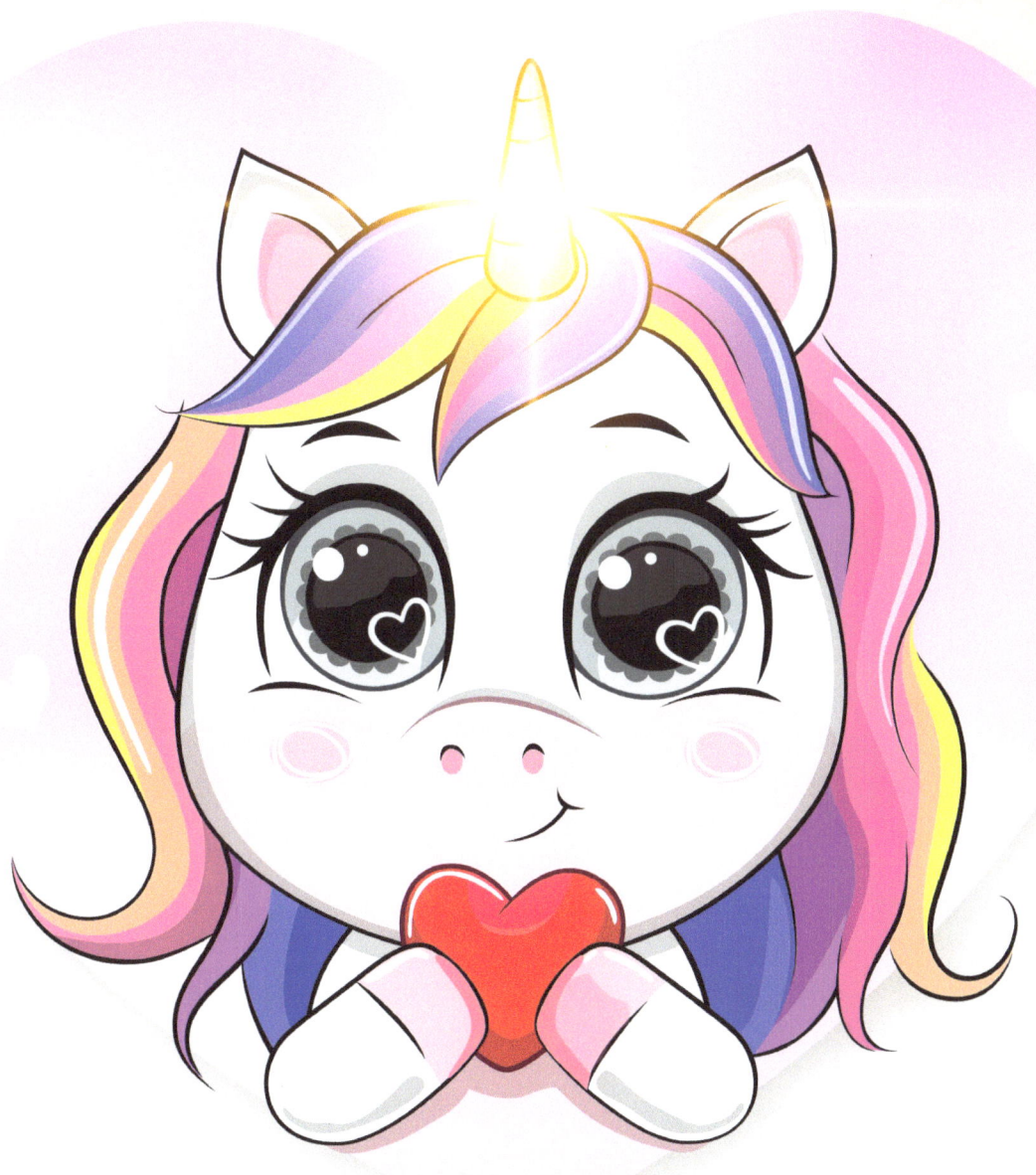

🇧🇷 – Gostei muito do conto! – falou sorrindo, a gatinha Oli. – Vou querer mais historinhas.

🇪🇸 –¡Me gustó mucho el cuento! –dijo la gatita Oli sonriendo.– Quiero más historias.

🇺🇸 "I really liked this story!" said Oli, smiling. "I want to hear another one."

Glossário
Caridade: Fazer o bem sempre, com pensamentos, palavras e ações. Pode se resumir em três palavras: benevolência, indulgência e perdão.
Benevolência: Ser bondoso com os erros dos outros.
Indulgência: Compreender as falhas das pessoas.
Perdão: Dar uma nova oportunidade, segunda chance para quem nos ofendeu.

 # Glosario
Caridad: Siempre hacer el bien, con pensamientos, palabras y acciones. Se puede resumir en tres palabras: benevolencia, indulgencia y perdón.
Benevolencia: ser amable con los errores de los demás.
Indulgencia: Comprender las equivocaciones de las personas.
Perdón: dar una nueva oportunidad, segunda chance para quien nos ofende.

 # Glossary
Charity: A combination of benevolence, tolerance, and forgiveness in thoughts, words, and actions.
Benevolence: The virtue of kindness.
Indulgence: Understanding the faults of others.
Forgiveness: Giving people a second chance.

 Mais informações sobre caridade em:
1. *A Bíblia*. O Sermão da Montanha: As Bem-Aventuranças.
Mateus 5:3–16

 Más información sobre caridad en:
1. *La Biblia*. El Sermón del Monte: Las Bienaventuranzas.
Mateo 5: 3–16

 More information about charity:
1. *The Bible*. The Sermon on the Mount: The Beatitudes.
Matthew 5: 3–16

Mais informações sobre o autor:
Más informaciones sobre el autor:
More information about the author:

www.luishu.com

Dados Internacionais de Catalogação na Publicação (CIP)
(Câmara Brasileira do Livro, SP, Brasil)

Hu Rivas, Luis
    Kit Evangelho / Luis Hu Rivas. -- Brasília, DF : Hu Producoes, 2020.

   ISBN: 978-65-990675-0-1

   1. Evangelho - Literatura infantojuvenil
   2. Literatura infantojuvenil I. Rivas, Luis Hu. II. Título.

CDD-028.5

Índices para catálogo sistemático:

1. Evangelho : Literatura infantil   028.5
2. Evangelho : Literatura infantojuvenil   028.5

Revisão ao espanhol: Sonia Rivas
Tradução ao inglês: Jussara Korngold
Revisão ao inglês: Lucas Almendra

HU PRODUCOES
TODOS OS DIREITOS RESERVADOS.

IMPRESSO NO BRASIL

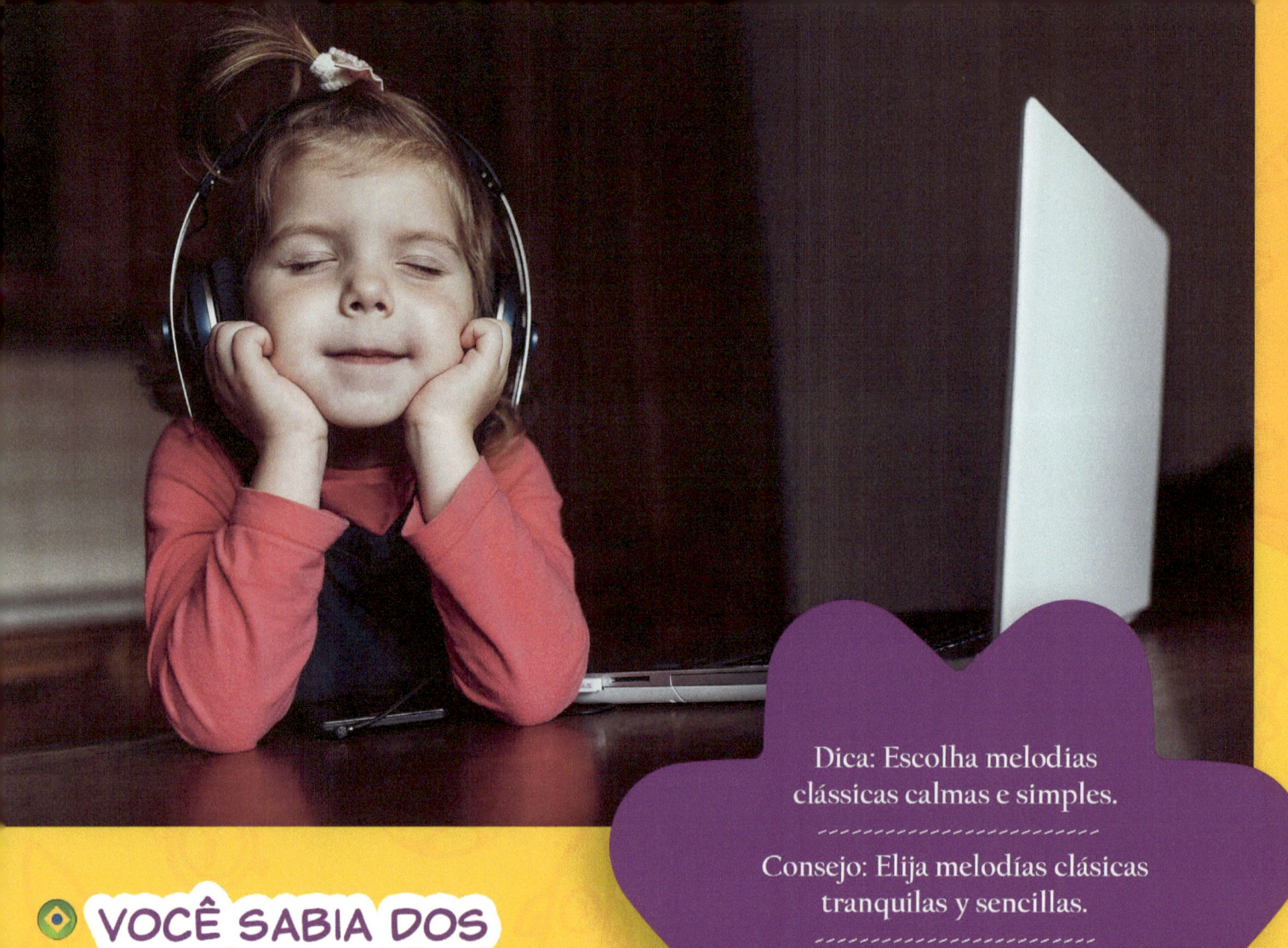

Dica: Escolha melodias clássicas calmas e simples.

Consejo: Elija melodías clásicas tranquilas y sencillas.

Tip: Choose calm and simple classic melodies.

VOCÊ SABIA DOS BENEFÍCIOS DA MÚSICA CLÁSSICA PARA CRIANÇAS?

Com a música clássica várias áreas de seu cérebro se acendem ao mesmo tempo em que processam o som.

¿SABÍAS LOS BENEFICIOS MÚSICA CLÁSICA PARA NIÑOS?

Con la música clásica, varias áreas de su cerebro se iluminan mientras procesa el sonido.

DID YOU KNOW ABOUT THE BENEFITS OF CLASSICAL MUSIC FOR KIDS?

With classical music, several areas of your brain light up while processing the sound.

🟢 BENEFÍCIOS 🇪🇸 BENEFICIOS 🇺🇸 BENEFITS

1. MELHORA EM SUA CONCENTRAÇÃO E AUTODISCIPLINA.
2. MELHORA A ESCUTA GERAL E AS HABILIDADES SOCIAIS.
3. AS CRIANÇAS EXPOSTAS ÀS OBRAS DE BEETHOVEN E MOZART, POR EXEMPLO, SÃO MAIS PROPENSAS A APRECIAR UMA FAIXA MAIS AMPLA DE MÚSICA.
4. INSTRUMENTOS DE MASTERIZAÇÃO COMO PIANO, FLAUTA OU VIOLINO MELHORAM A CAPACIDADE DAS PESSOAS DE CAPTAR ERROS E CONSERTÁ-LOS RAPIDAMENTE.
5. CONHEÇA ALGUNS DOS MELHORES COMPOSITORES DE MÚSICA CLÁSSICA:
   BACH
   MOZART
   BEETHOVEN
   TCHAIKOVSKY
   CHOPIN
   VIVALDI

1. MEJORA EN SU CONCENTRACIÓN Y AUTODISCIPLINA.
2. MEJORA LAS HABILIDADES SOCIALES Y DE ESCUCHA GENERAL.
3. LOS NIÑOS EXPUESTOS A LAS OBRAS DE BEETHOVEN Y MOZART, POR EJEMPLO, TIENEN MÁS PROBABILIDADES DE APRECIAR UNA GAMA MÁS AMPLIA DE MÚSICA.
4. DOMINAR INSTRUMENTOS COMO EL PIANO, LA FLAUTA O EL VIOLÍN MEJORA LA CAPACIDAD DE LAS PERSONAS PARA DETECTAR ERRORES Y CORREGIRLOS RÁPIDAMENTE.
5. CONOZCA A ALGUNOS DE LOS MEJORES COMPOSITORES DE MÚSICA CLÁSICA:
   BACH
   MOZART
   BEETHOVEN
   TCHAIKOVSKY
   CHOPIN
   VIVALDI

1. IMPROVES YOUR CONCENTRATION AND SELF-DISCIPLINE.
2. IMPROVES GENERAL LISTENING AND SOCIAL SKILLS.
3. CHILDREN EXPOSED TO THE WORKS OF BEETHOVEN AND MOZART, FOR EXAMPLE, ARE MORE LIKELY TO APPRECIATE A WIDER RANGE OF MUSIC.
4. MASTERING INSTRUMENTS SUCH AS PIANO, FLUTE OR VIOLIN IMPROVE PEOPLE'S ABILITY TO CATCH ERRORS AND FIX THEM QUICKLY.
5. MEET SOME OF THE BEST CLASSICAL MUSIC COMPOSERS:
   BACH
   MOZART
   BEETHOVEN
   TCHAIKOVSKY
   CHOPIN
   VIVALDI

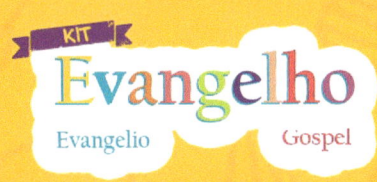

Kit Evangelho / Evangelio / Gospel

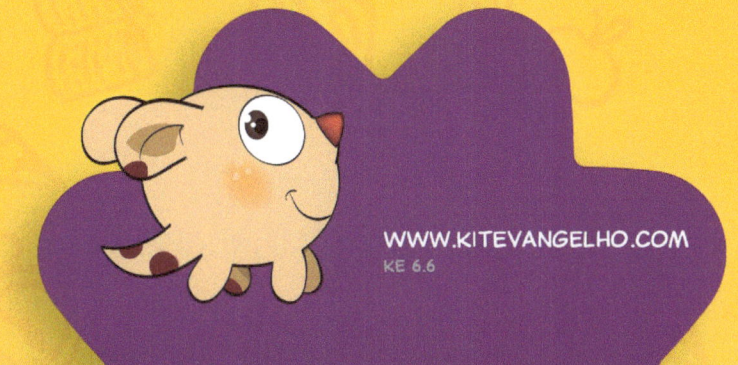

WWW.KITEVANGELHO.COM
KE 6.6

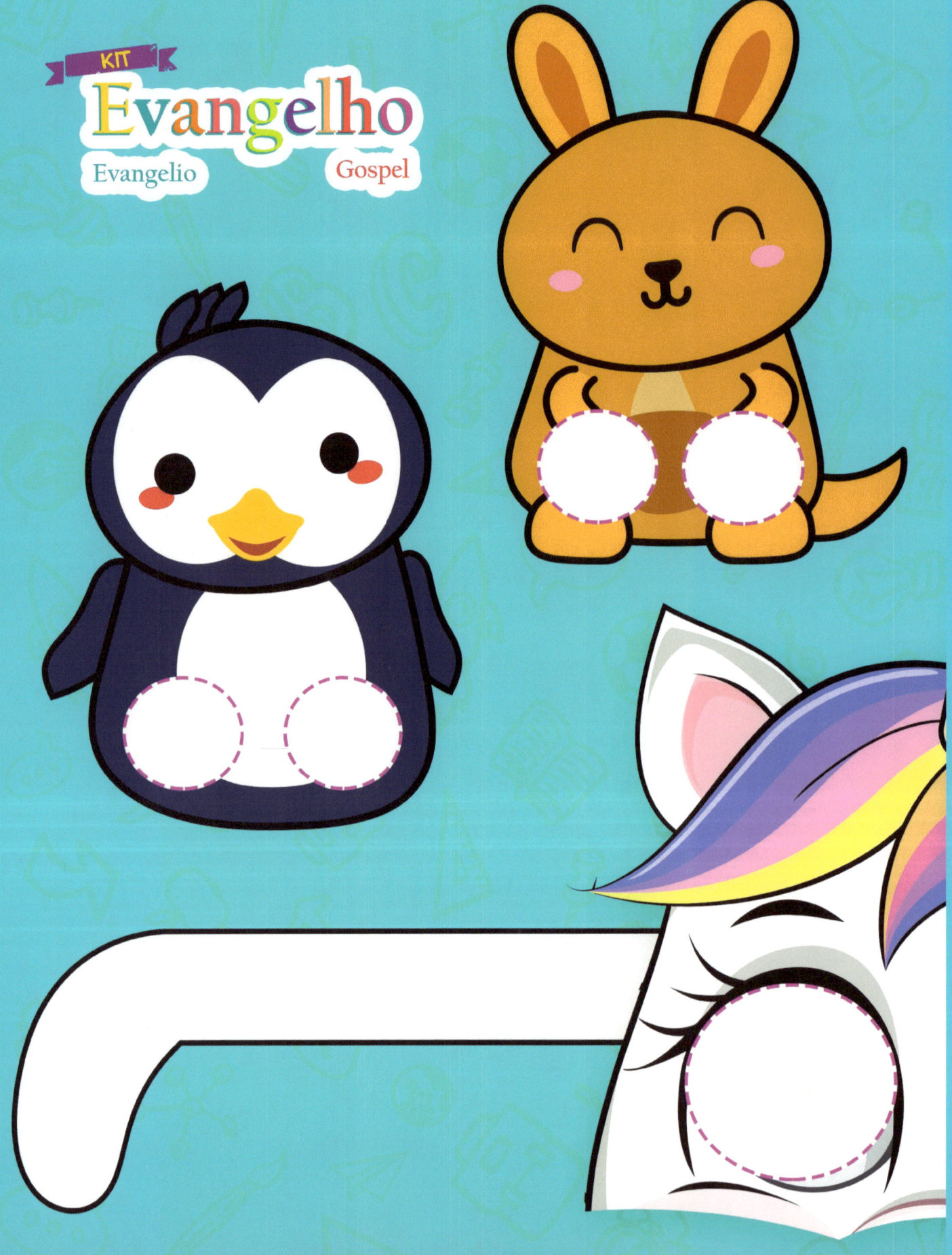

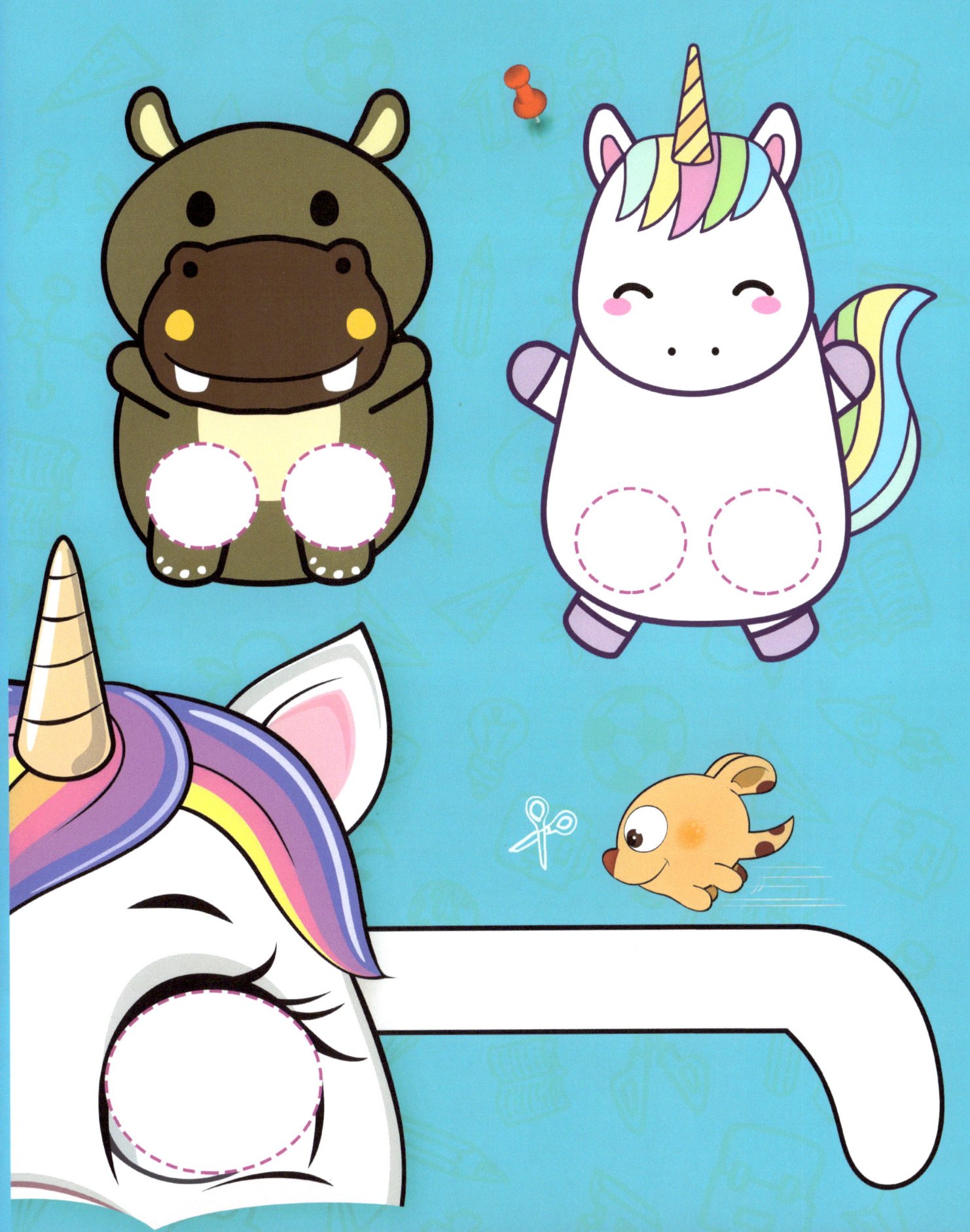

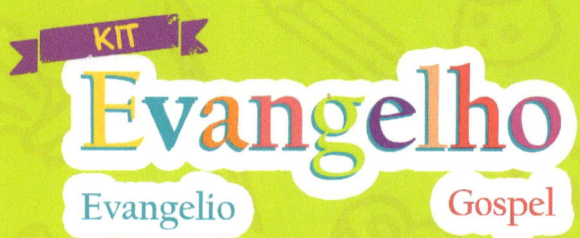

Evangelio — Gospel

Caridade é fazer o bem sempre.
Caridad es siempre hacer el bien.
Charity is to do good always.

Copie o desenho - Copia el dibujo - Copy the picture.

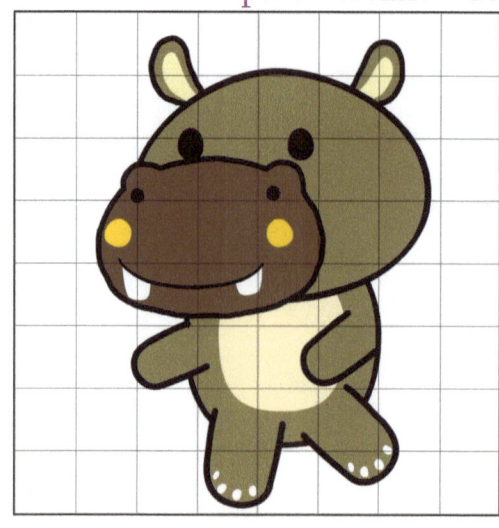

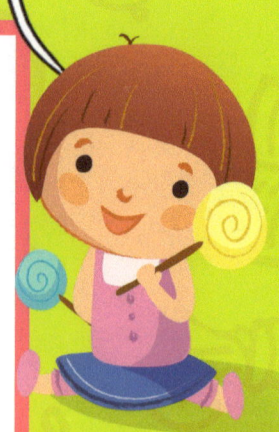

Colorir - Colorear - Color

Qual será o nome da amiga de Lupi?
¿Cómo se llama la amiga de Lupi?
What's the name of Lupi's friend?

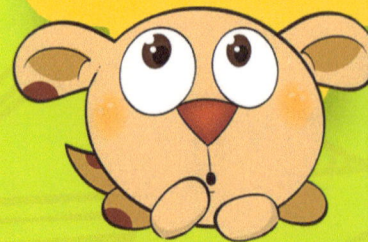

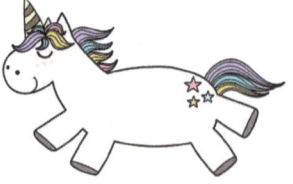

Nome:
Nombre:
Name:

WWW.KITEVANGELHO.COM
KE 6.1

Caça-palavras - Pupiletras - Word search

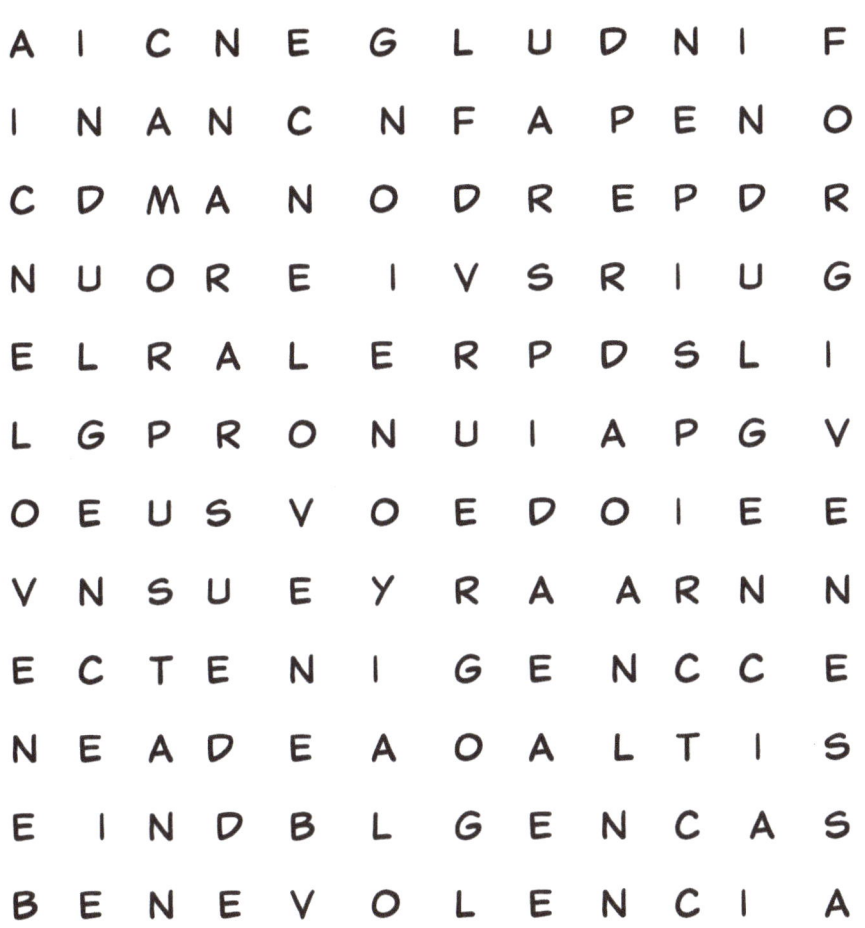

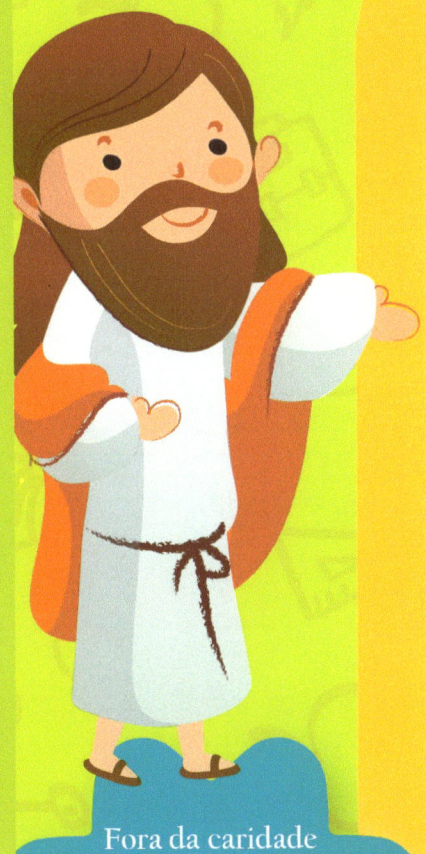

Fora da caridade não há salvação.

Fuera de la caridad no hay salvación.

Without charity there is no salvation.

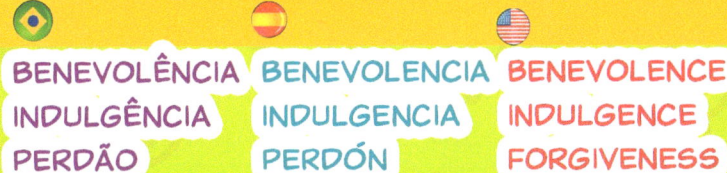

BENEVOLÊNCIA   BENEVOLENCIA   BENEVOLENCE
INDULGÊNCIA   INDULGENCIA   INDULGENCE
PERDÃO   PERDÓN   FORGIVENESS

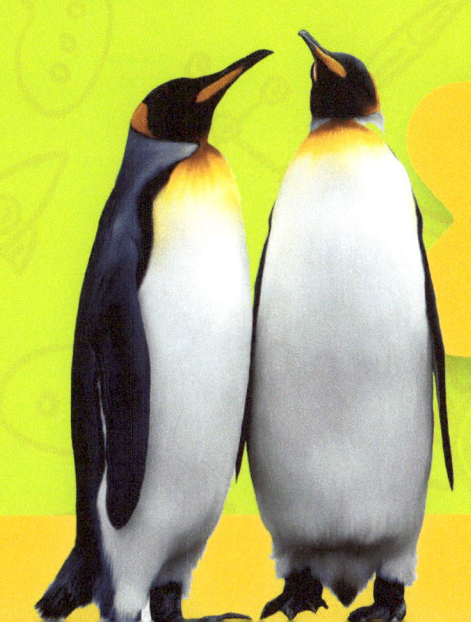

Devemos amar e cuidar de todos os seres.
Debemos amar y cuidar de todos los seres.
We must love and take care of all beings.

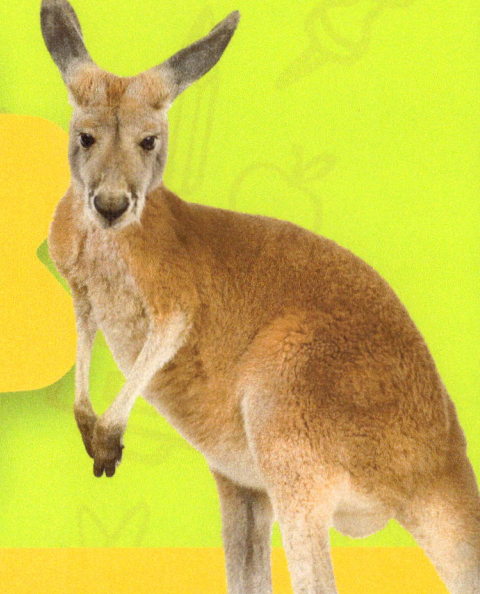

KIT Evangelho
Evangelio · Gospel

> Quando a caridade chega, toda a tristeza logo se vai.
> Cuando llega la caridad, pronto desaparece toda tristeza.
> When charity comes, all sadness goes away.

Colorir - Colorear - Coloring

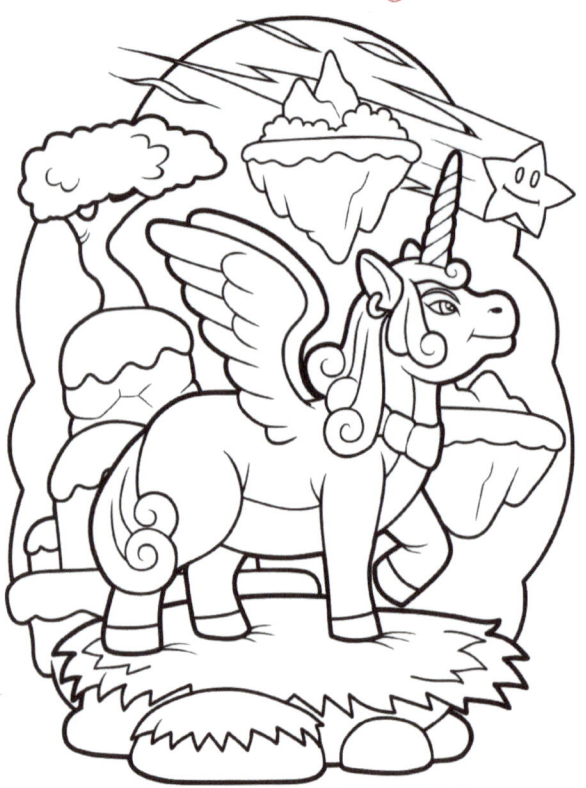

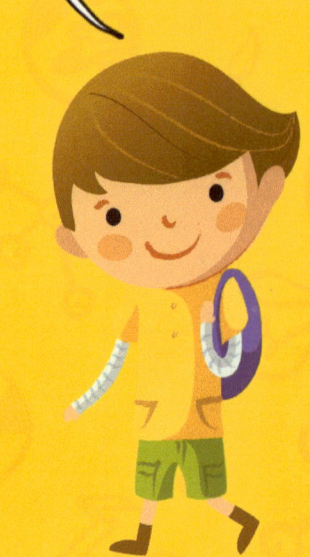

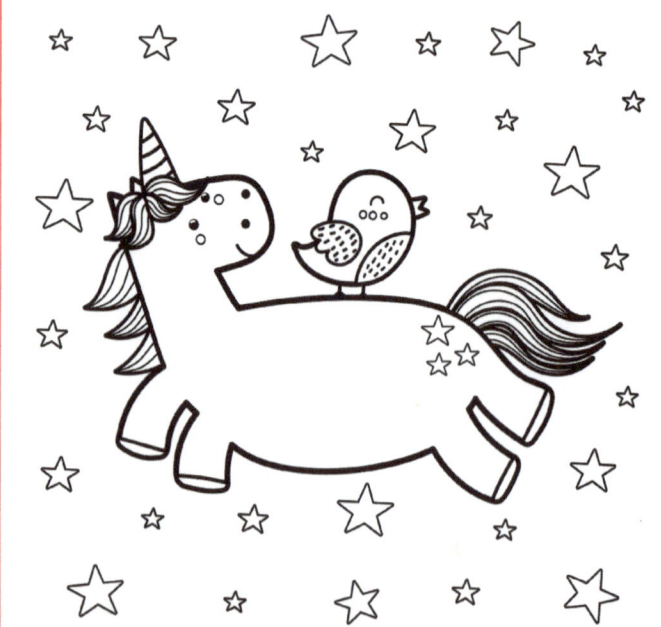

WWW.KITEVANGELHO.COM
KE 6.4

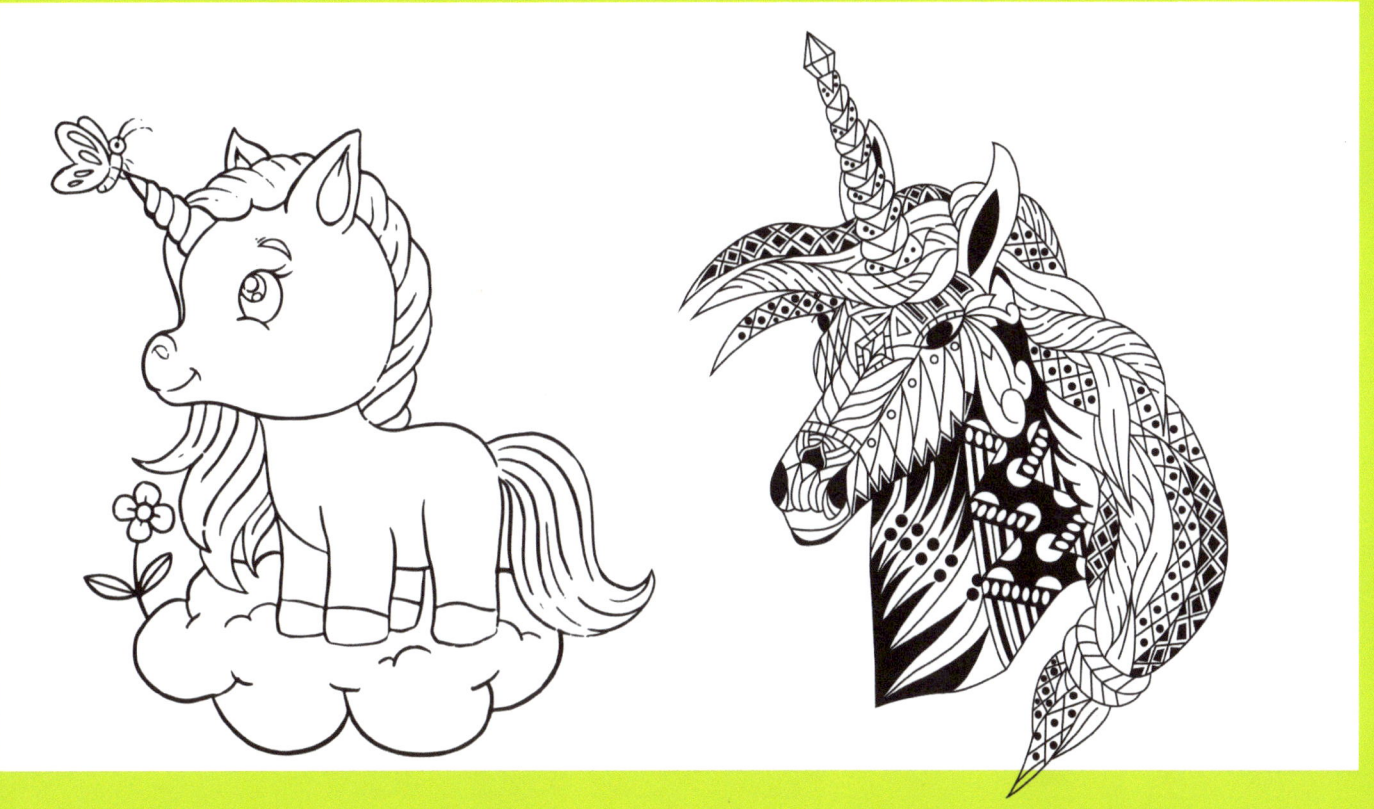
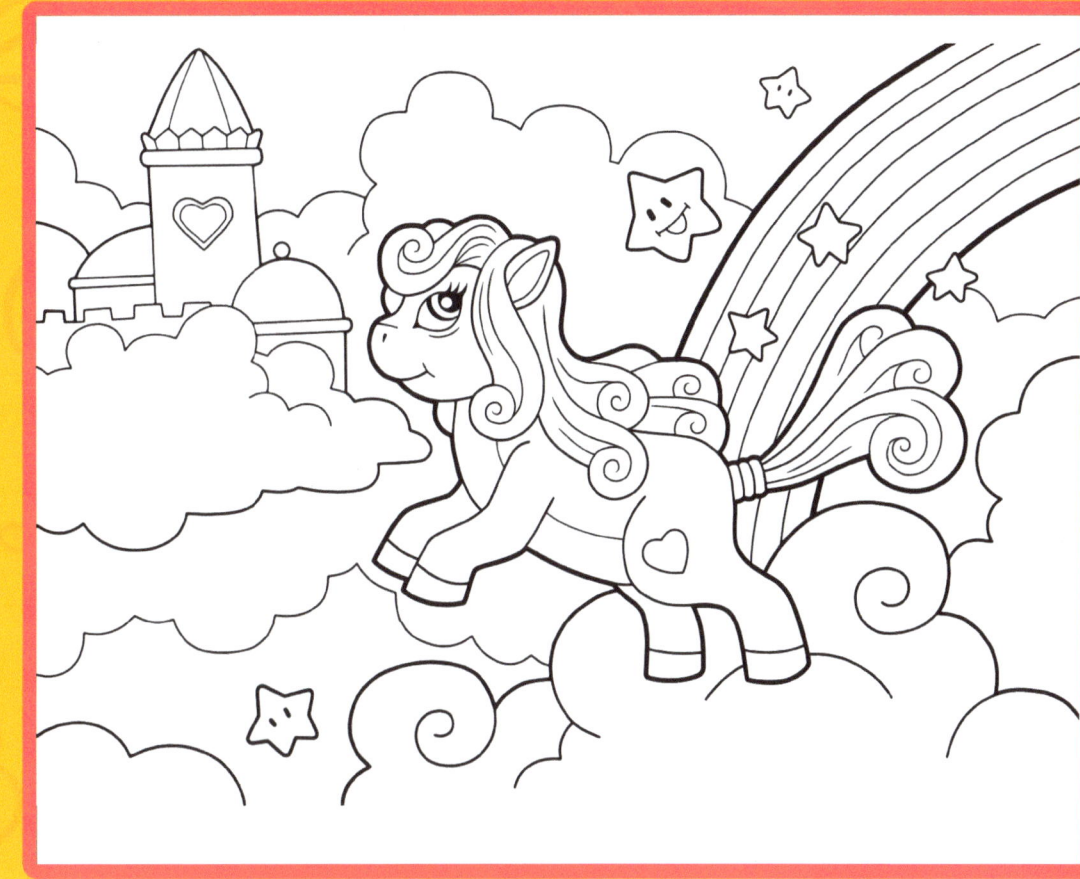
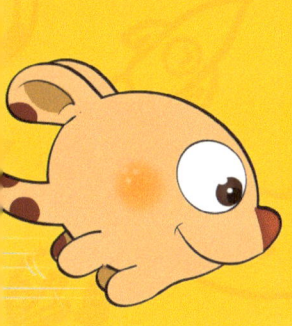

KIT Evangelho
Evangelio · Gospel

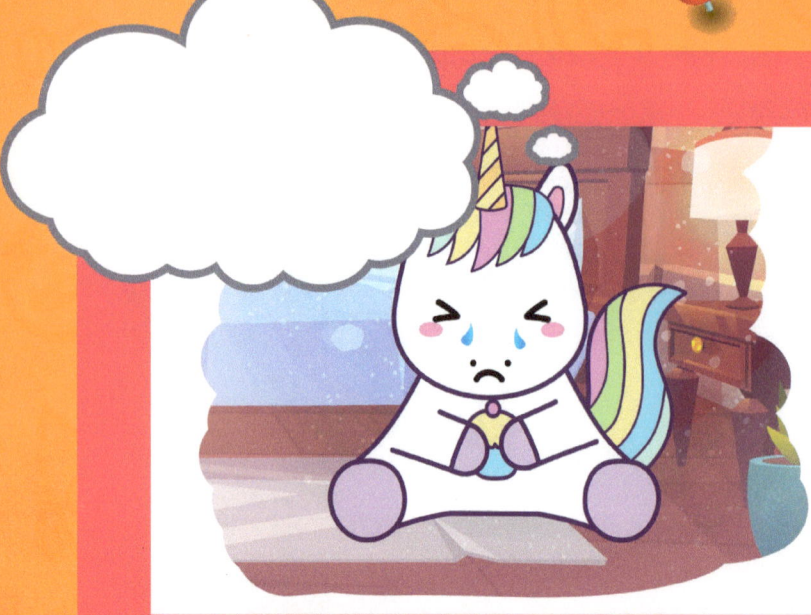

O que será que o Unicórnio está pensando?
¿Qué es lo que el Unicornio está pensando?
What is little Unicorn thinking?

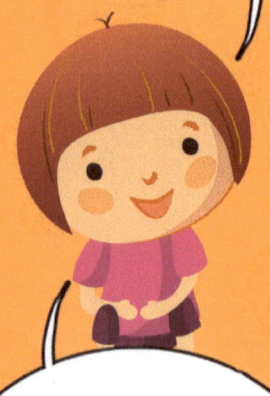

Vamos ajudar o Unicórnio a brincar com a bola?
¿Vamos a ayudar al Unicornio a jugar con la pelota?
Let's help the Unicorn to play ball?

Labirinto - Laberinto - Maze

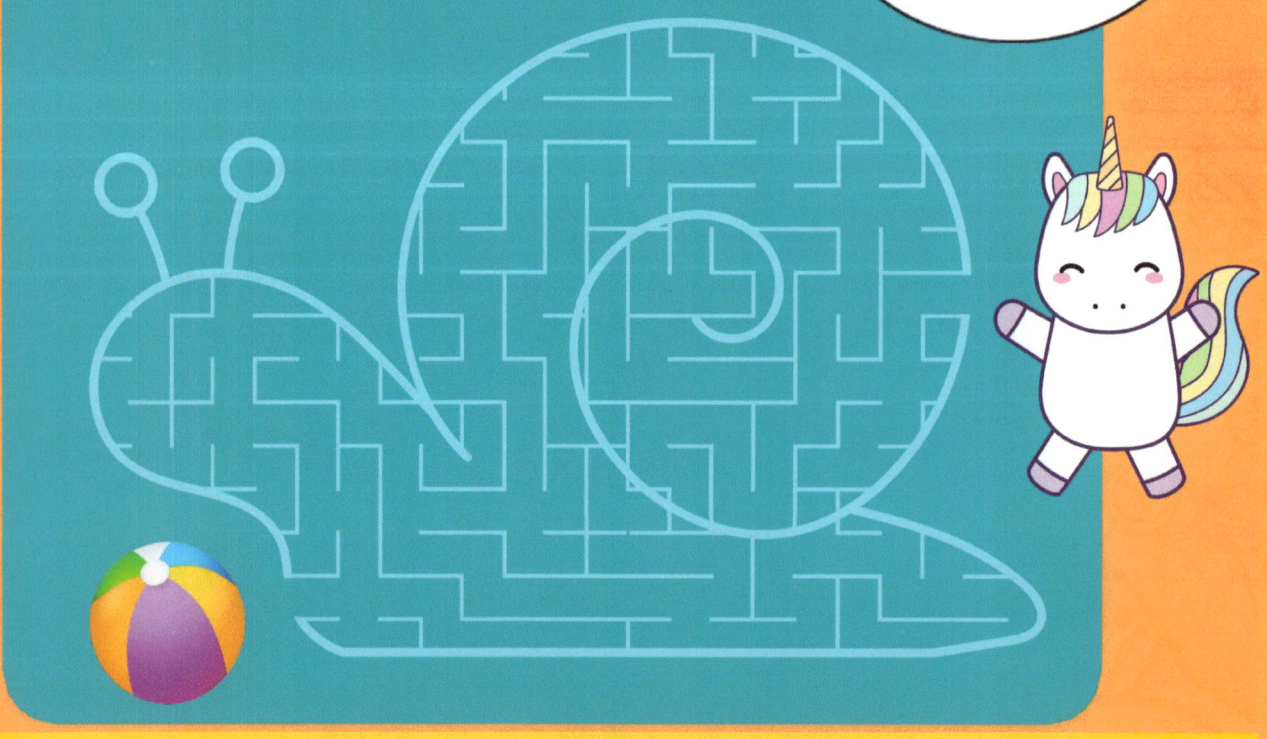

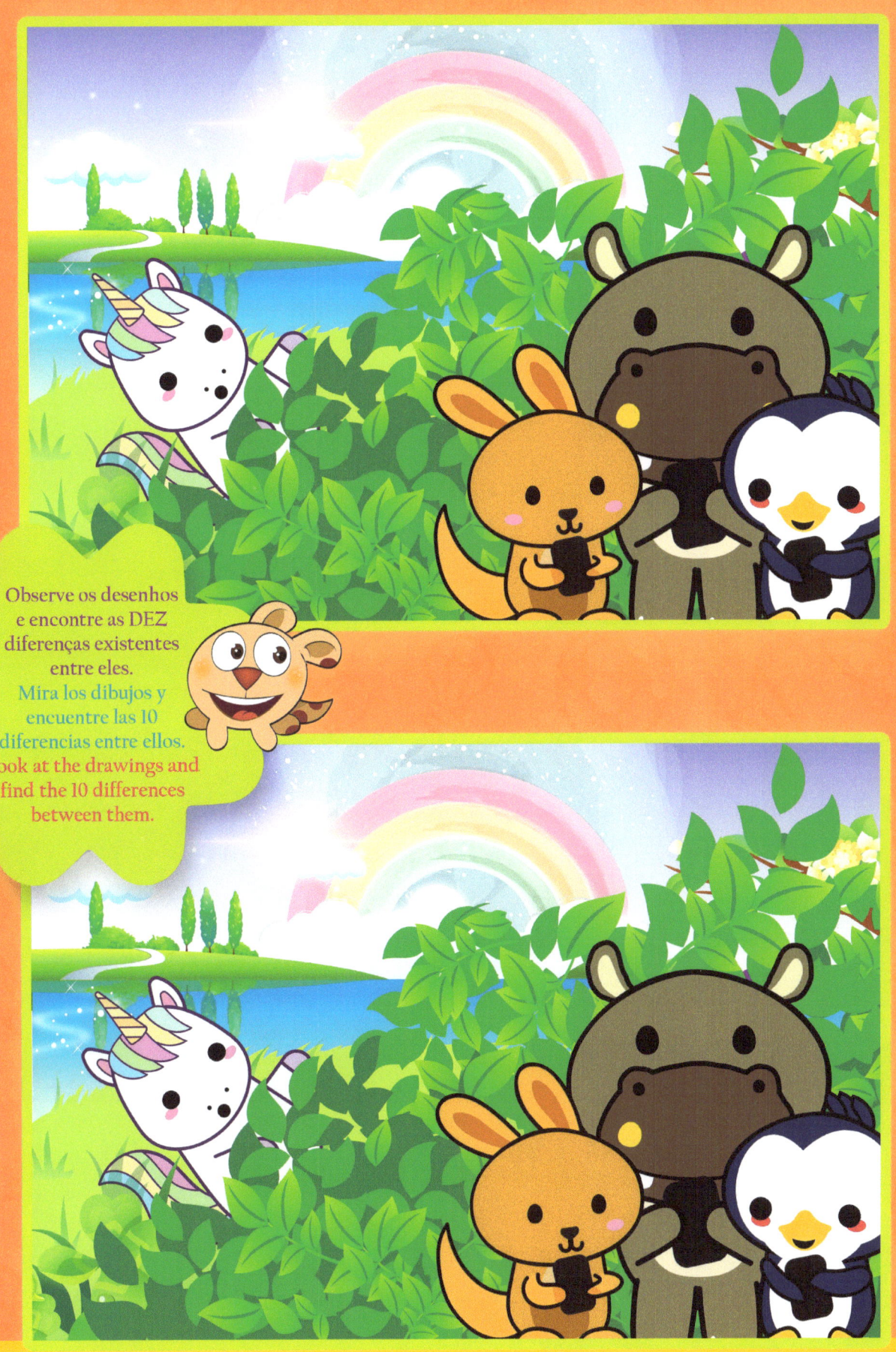

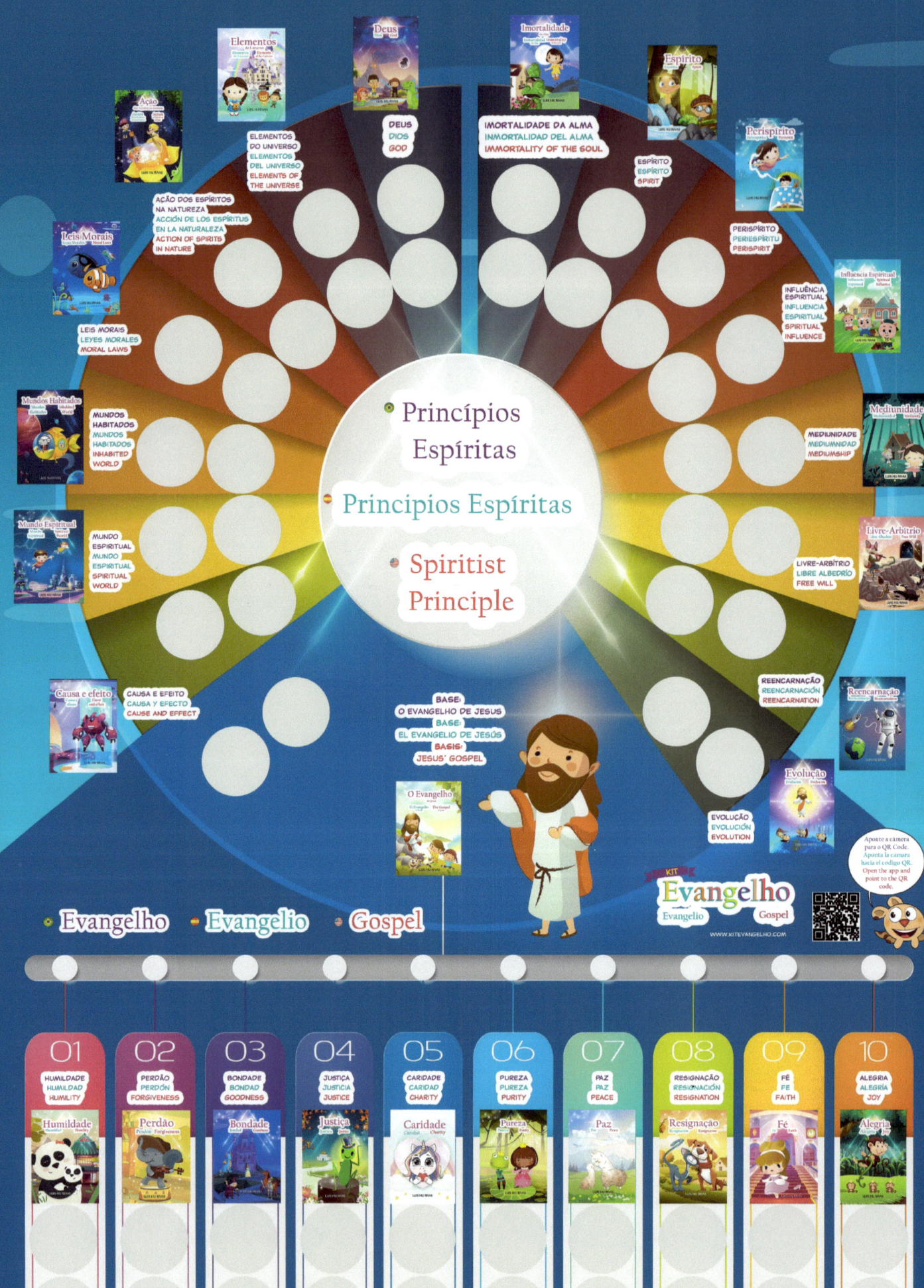

🇧🇷 FORA DA CARIDADE NÃO HÁ SALVAÇÃO

🇪🇸 FUERA DE LA CARIDAD NO HAY SALVACIÓN

🇺🇸 WITHOUT CHARITY THERE IS NO SALVATION

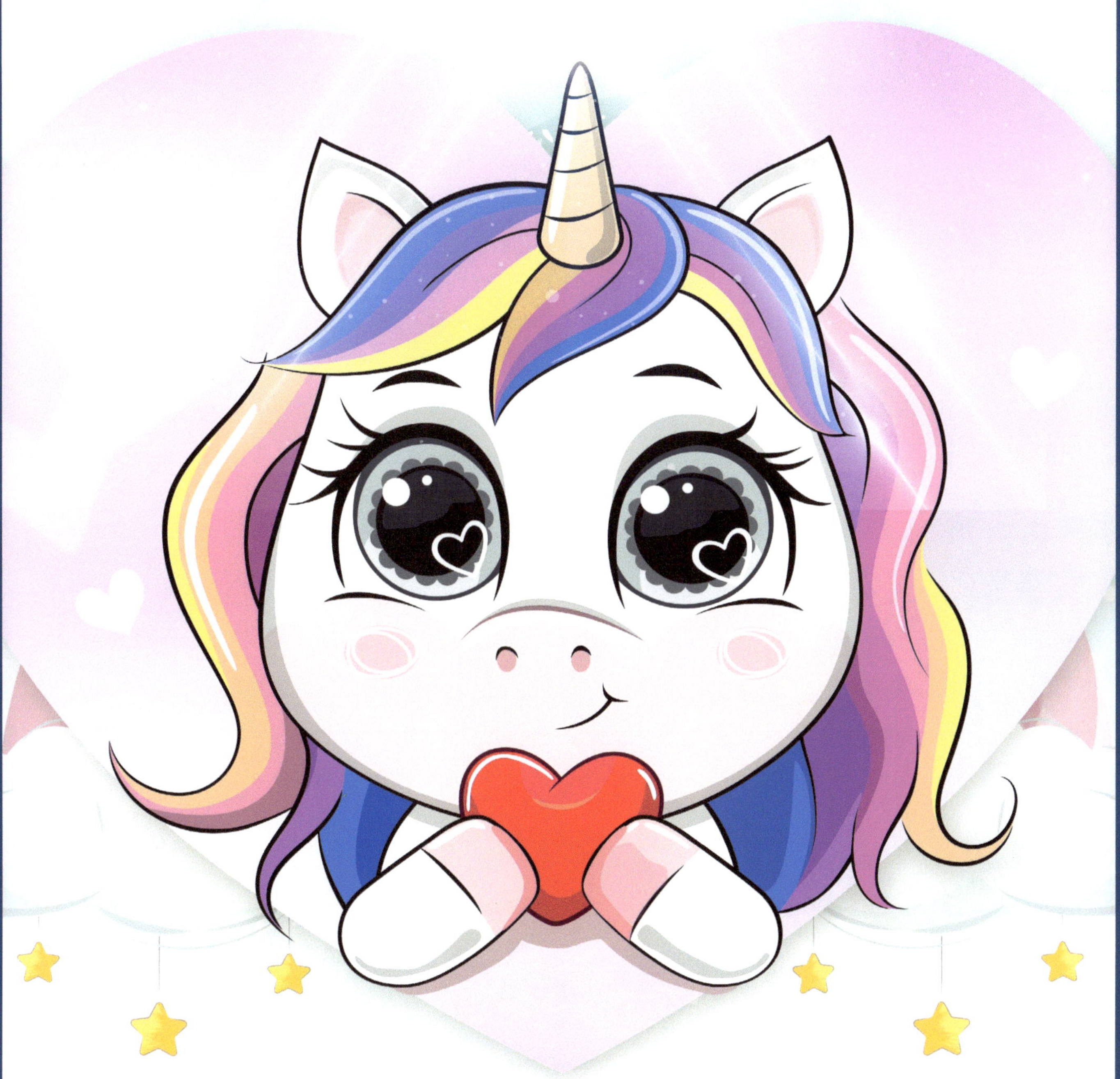

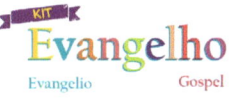

Complete sua coleção / Completa tu colección

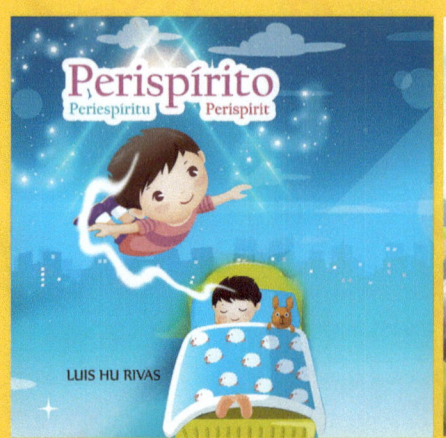
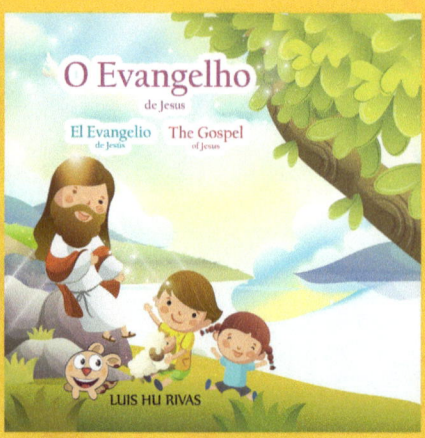
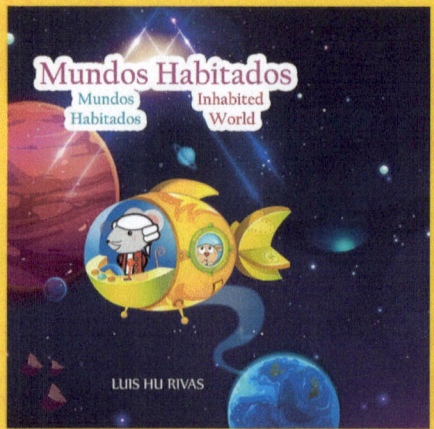
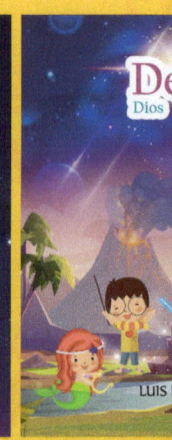
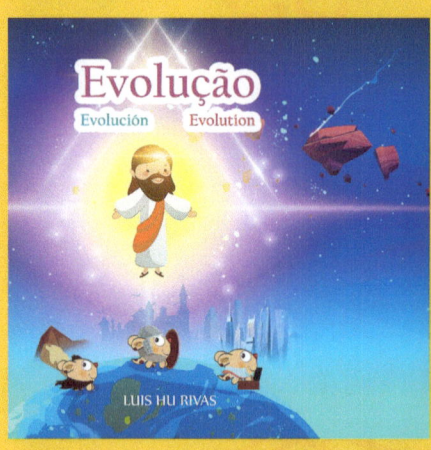
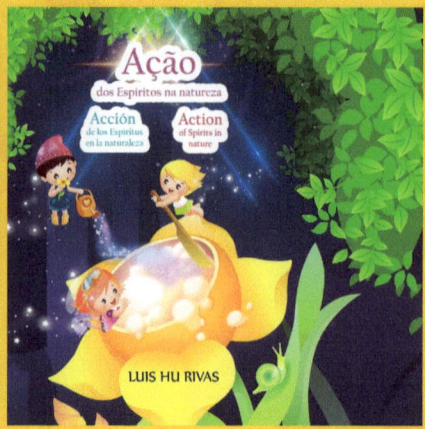
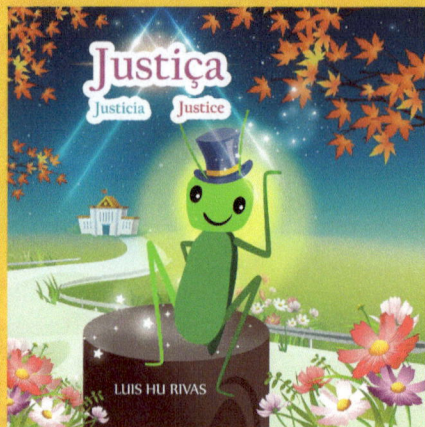
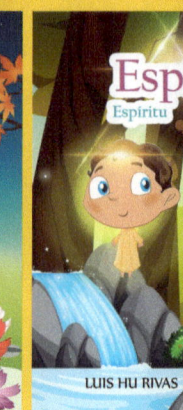
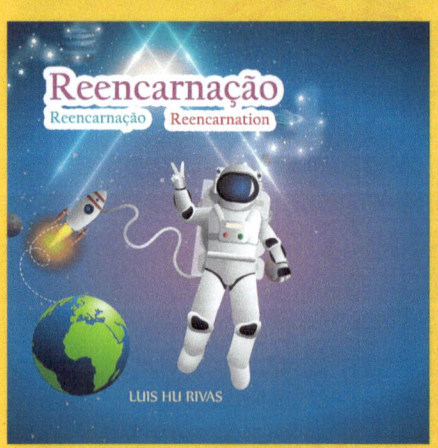
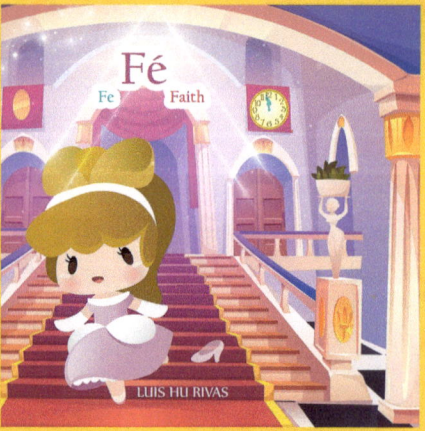
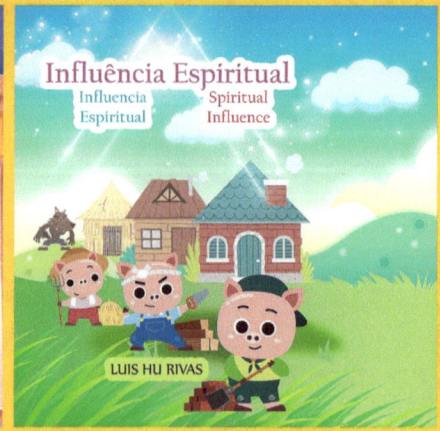
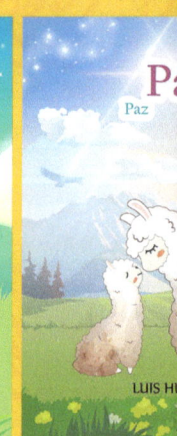
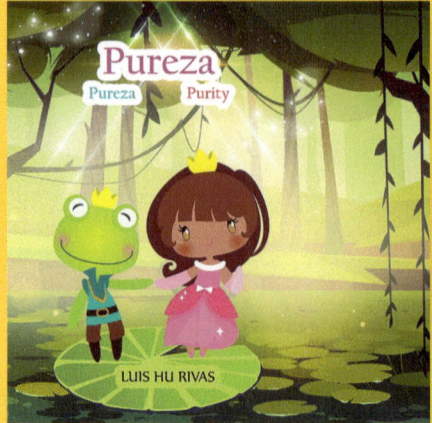
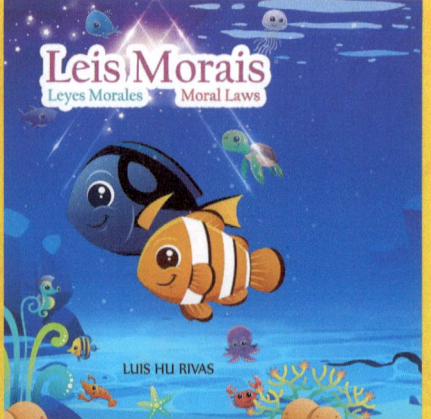
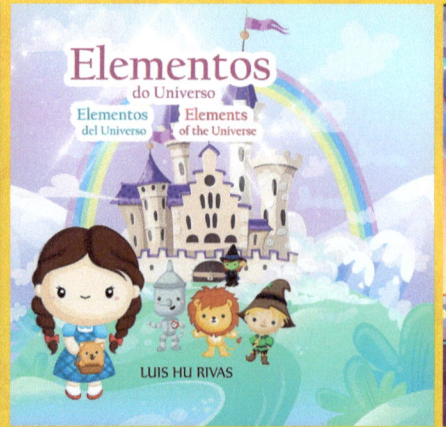
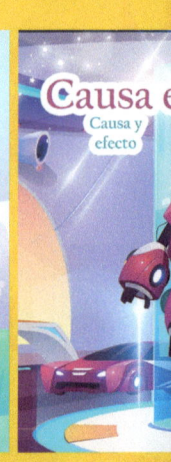

Complete your collection

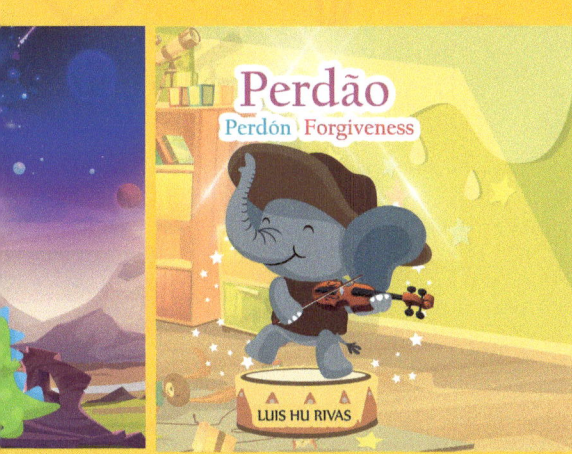
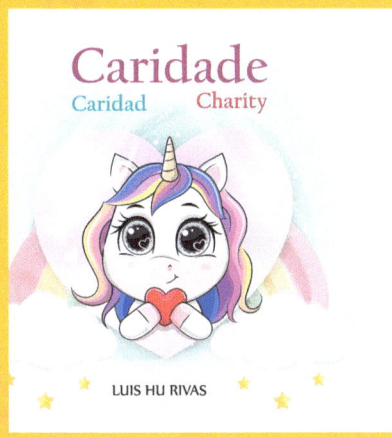
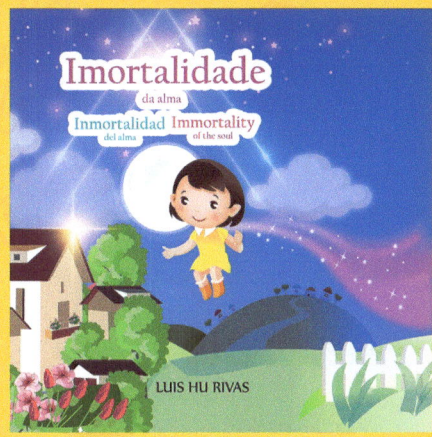
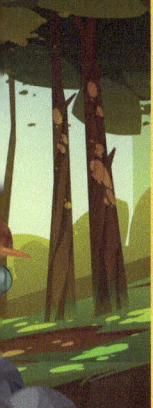
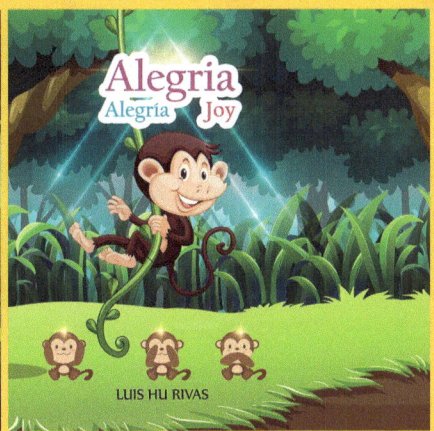
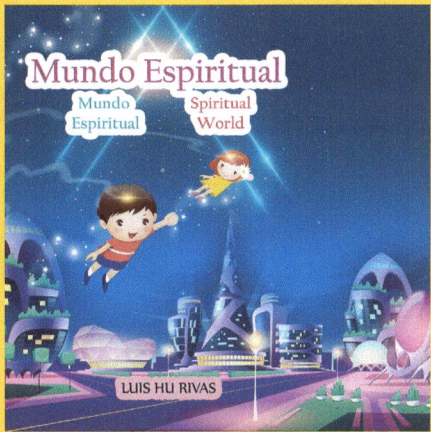
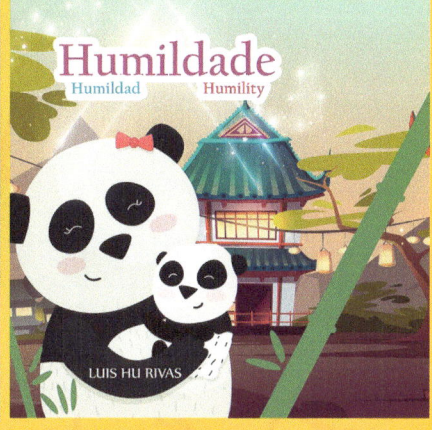
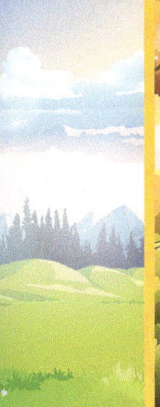
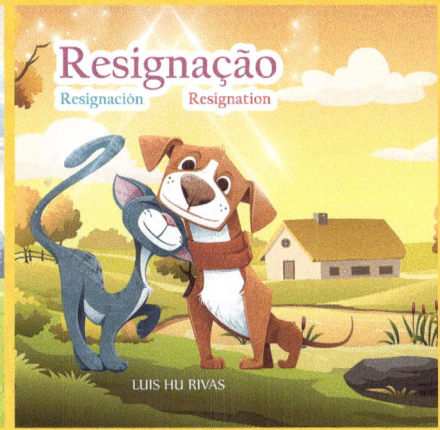
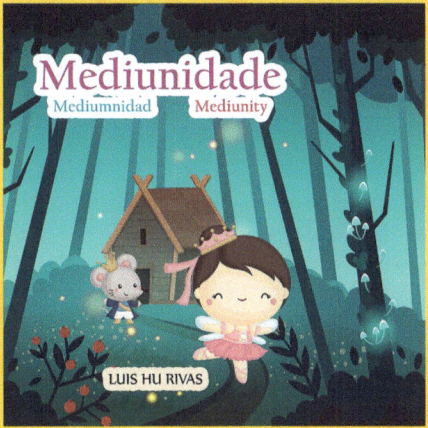
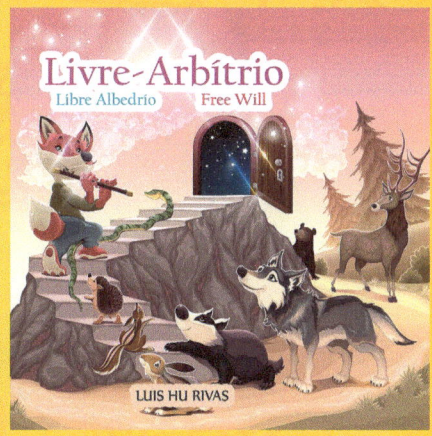
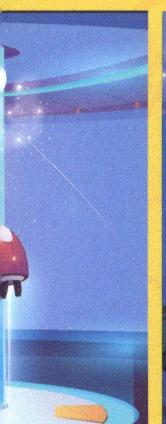
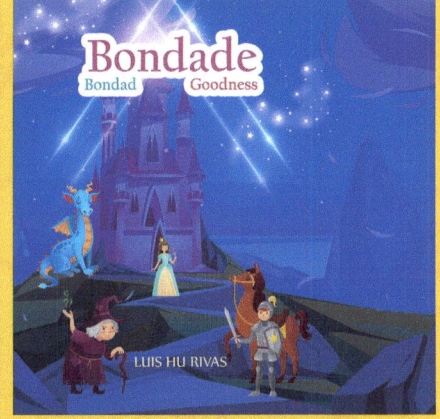

Vamos conhecer ensinamentos de luz que trazem paz e felicidade aos nossos corações.

Vamos a conocer enseñanzas de luz que traen paz y felicidad a nuestros corazones.

Let's get to know enlightening teachings that bring peace and happiness to our hearts.

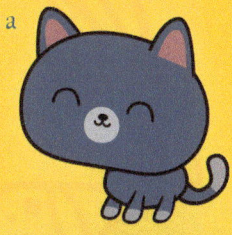

Ao lado de um simpático unicórnio, você vai se divertir para valer!
Embarque em uma emocionante história ilustrada, com muitos ensinamentos luminosos.
Com esta leitura, você vai descobrir respostas a perguntas como:
O que acontece se somos egoístas? O que devemos fazer para não ficar sozinhos? Qual é a importância de ter amigos? O que é a caridade?

¡Junto con un bello unicornio, te divertirás mucho!
Embárcate en una emocionante historia ilustrada, con muchas enseñanzas luminosas.
Con esta lectura, descubrirás respuestas a éstas preguntas:
¿Qué pasa si somos egoístas? ¿Qué debemos hacer para no quedarnos solos? ¿Cuál es la importancia de tener amigos? ¿Qué es la caridad?

You will have real fun in this adventure with our unicorn!
Join us on an exciting illustrated story, with many inspiring teachings.
With this reading you will also find answers to questions such as:
What happens if we are selfish? What should we do to not be alone? What is the importance of having friends? What is charity?

HU PRODUÇÕES

www.ingramcontent.com/pod-product-compliance
Lightning Source LLC
Chambersburg PA
CBHW040412220526
45473CB00004B/1218